新時代の現代社会学6講

池田勝徳［編著］
Katsunori Ikeda

池田雅広
中井秀樹
千代原亮一
周藤俊治
中西茂行

福村出版

[JCOPY] 〈(社)出版者著作権管理機構 委託出版物〉
本書の無断複写は著作権法上での例外を除き禁じられています。複写される場合は、そのつど事前に、(社)出版者著作権管理機構（電話 03-3513-6969、FAX 03-3513-6979、e-mail: info@jcopy.or.jp）の許諾を得てください。

まえがき

　ここにきてさまざまな面で，人々を，世界を揺るがす出来事が次々と起こっている。政治の面では1853年から1856年にかけての，かのナイチンゲールの活躍で知られるクリミア戦争を思い出させるような，自国の所属を西欧側に舵を切るのかそれともロシア側に舵を切るのかをめぐって，ヨーロッパ諸国とロシアとが緊迫状態にある。かと思えば飛躍的な経済発展をつづける中国では，その副産物ともいえる大気汚染が深刻な状態にある。しかし，そうした悲観的な出来事の他方では，iPS細胞の発見によって「不老長寿の夢」がまさに手の届くところに来ている。こうして急激に変化する21世紀の社会において，日本でも少子高齢化の問題をはじめ，さまざまな問題が深刻化しその解決・止揚が求められている。

　本著は社会学の基本的な理解を根底に置いて，それら深刻化している諸問題を的確に把握し，解決の手掛かりを6人の著者がそれぞれの視点で簡潔にまとめたものである。以下具体的に本著で扱われた問題・課題を，講を追って簡単に整理することで，読者の本著理解の手掛かりになればと思っている。

　第1講は，本著において扱われている問題を理解するには，それらの背景となっている社会の基礎的な内容・動向を理解，把握していなければ，各講で扱われている課題を体系的，客観的に理解ができない。そうした基本的な視点に立ち，明治以降今日に至る，わが国の少子高齢化社会への背景を整理し，戦後の社会福祉の歴史を簡単に振り返るなかで，予想される福祉レジー

ムを提示している。

　そして第2講は介護問題に焦点に据え，デザインがそれらの介護機器や生活にどういった影響を与えているのかなどについて，芸術社会学を考察の根底に置き，関東周辺の男女を対象に調査した客観的なデータに詳細な分析を加えていく。そしてそれを介して得られた「AT機器と高齢者の連携」を手掛かりに，社会化を基本的行為として形成される3段階の人生80歳代の，新ライフサイクル論に立って問題解決の方向を模索している。

　また第3講では，高度情報化社会の到来が言われて久しいが，それら高度情報化社会における「情報の利活用」として情報処理技術が発展し，身近にさまざまな情報サービスを活用している。特に1995年以降のインターネットの普及に伴い，ほとんどのことがインターネット上で済ませられるだけでなく，個人から世界への情報発信も行える時代に入っている。こうした状況のなかで生起している事象を紹介しながら，ICTの使い方次第で良くも悪くも利用できるという事実認識とともに，情報活用の恩恵について考える機会になるように，その内容に配慮しながら問題が整理されている。

　一方，第4講は第3講の動向を視野に置き，ゲーミフィケーション（Gamification）という言葉に代表されるように，テレビゲームは社会に広く普及しており，暴力的で中毒性の強いゲームに対して，「テレビゲーム悪影響論」が根強く主張されている。特に「暴力・残酷ゲームの規制に関する合衆国連邦最高裁の判決」を手掛かりに，暴力的表現規制の合憲性について検討し，青少年の健全な育成とゲーム業界の発展の両方のバランスを考えて，慎重な検討を行う必要性が提言されている。

　また第5講では，人々の健康に深く関与する医療が抱える問題を，「不足」

の観点から問題を取り上げていく。具体的に「不足」とは，本来必要とされる「量」が足りていない状況のことを指すが，その「量」「不足」とはどのようなものか，それはどのような要因によって引き起こされ，どのような対応が求められるのかを，「不足」という概念を手掛かりに整理される。そしてそのうえで，「不足」の観点から医療に関わる資源について，それらが「人的資源」とどのような関連があるのか，そしてこれから人口が減少していく社会に向けてどうなっていくのかなどを，「人」と「情報」について考察が加えられる。

そして第6講は，その副題にあるように，「自分史」に記された昭和前期，昭和後期，平成の時代にまとめられた幾つかの自分史を取り上げ，「人の移動」に関わる意識，記憶のあり方について考察される。特に1985年頃からブームとなり1990年以降，一般的に広まった自分史ブームに記された自分史も，昭和前期のそれは戦争が多く記され,，戦後は昭和後期の時代が語られるその過程で，国民・国家を境界線として人の移動がなされてきた。本講は，こうした人々の移動に込められた社会心理的な現実を解釈し，人それぞれの社会的位置で，多様な現実があることを理解する必要性を提起している。

以上の6講の内容で本著は構成されており，一見，各講がばらばらで繋がりがないように思えるかもしれない。しかし，そうした表面的な理解に立つ限り，単に論文の寄せ集めのようにも見えるが，それは表層的な理解の域を出ていないからである。本著をゆっくりとかみしめて読みすすむとき，そこには今日の深刻なさまざまな問題を客観的，科学的にとらえ，それらの問題を解決して「あるべき人間性の構築」を図りたいといった，強い意図がそれらどの講にも共通に感じ取れるだけではない。そこに著者の，それぞれの問

題に対する視点と重要な手掛かりが述べられていることである。もしそうした執筆者の強い「思い，ねがい」が本著から読み取れないとすれば，それは編者である池田が事前に時間をかけて十分な打ち合わせを行わなかったことにある。機会を見てより良いものへと改めたいと思っているが，何よりまず，こうした貴重な機会を与えられた福村出版に心より御礼を申し上げる次第である。

　2014年3月

執筆者代表
池田勝徳

新時代の現代社会学6講

目　次

まえがき (3)

第1講　少子高齢社会と新たな福祉レジーム
―― 介護問題止揚の可能性を視野に ―― ——— 13

第1節　日本社会の構造的変化 ——————— 16

1. 少子高齢化社会の理解の手掛かり (16)
2. 近代社会成立と第2次世界大戦前の日本の社会
  （農業社会から経済・産業社会へ）(19)
3. 第2次世界大戦後の社会と人々の生活
  （急激な人口増加と平均寿命の進展）(23)

第2節　少子高齢化社会における深刻な介護問題 ——— 27

1. 医学・医療技術の発展と複雑な諸問題の発生 (27)
2. 少子高齢化にともなう問題の顕在化 (30)
3. 戦後の社会福祉の歴史 (34)

第3節　21世紀の福祉レジーム ——————— 38

1. 要介護問題止揚の萌芽・可能性の浮上 (38)
2. 予想される第5の福祉レジーム (41)

第2講 21世紀社会における芸術社会学の課題
──実証的なデータを手掛かりに── 47

第1節 少子高齢化社会のライフサイクル・
　　　ライフスタイルの変化 ──── 49

第2節 調査結果からみるデザインの重要性 ──── 53

第3節 芸術および人間社会についての理解 ──── 66

第4節 問題解決・止揚の現実的な手掛かり ──── 71

第3講 社会における情報の利活用に関する諸問題 77

第1節 ICT活用の現状 ──── 79

第2節 ICTに関連する諸問題 ──── 81

1. 技術が生む諸問題（81）
2. ネット悪用による諸犯罪（82）
3. 変化にともなう諸問題（89）
4. 結語（97）

第4講　暴力・残酷ゲーム規制と表現の自由 ―― 103

第1節　テレビゲーム ―― 105

第2節　暴力・残酷ゲームとは ―― 107

1. 暴力・残酷ゲームの意味（107）
2. なぜ暴力・残酷ゲームを規制するのか（108）

第3節　暴力・残酷ゲーム規制 ―― 110

1. 日本の現状（110）
2. 合衆国の現状（113）

第4節　カリフォルニア州の暴力ゲーム販売規制法に関する合衆国連邦最高裁判決 ―― 117

1. 事実の経緯（117）
2. 連邦最高裁判決（118）

第5節　考察 ―― 124

第6節　おわりに ―― 126

第5講　不足の観点からみる医療 ── 133

第1節　不足とは ── 135

第2節　医療資源の現状と不足 ── 138
1. 人的資源（138）
2. 物的資源（142）
3. 財的資源（145）
4. 情報資源（146）

第3節　少子高齢化社会に備える医療資源 ── 149

第4節　医療資源を補う情報通信技術の活用 ── 152

第6講　自分史に記された移動の記憶
　　　　──昭和前期，昭和後期，平成の時代── ── 159

第1節　問題提起 ── 161

第2節　ドキュメントとしての自分史の特性 ── 165

第3節 境界線としての国民国家と
　　　人の移動の歴史と記憶 ―――――― 168
　1. 国民国家の円心に向かう人の移動（168）
　2. 国民国家の周縁における人の移動（185）

第4節 人の移動の心象 ―――――――――― 189

索引（191）

第1講
少子高齢社会と新たな福祉レジーム
―― 介護問題止揚の可能性を視野に ――

わが国は現在，国民の4人に1人が65歳以上という超高齢社会を迎えており，それが2050年にはさらに3人に1人が65歳以上になると推計されている。そればかりか少子化の進行は衰える様子がみられないことから，いい意味で本講の課題・問題を包み込み表面化させてこなかった，旧来の地域社会の機能や家族構造が大きく変化していることもあり，高齢者をはじめとして保護や支援を必要とする人々への福祉が深刻な問題となっている。

　特に高齢者の福祉および福祉事業についていえば，その問題の中核を担うべく2000年に導入された介護保険制度は，その利用者数が増加の一途をたどっていることもあって，改めてこの制度の持続可能性の向上やその対応などの面において新たな課題が提起されてきている。その一例をあげるなら，それらの課題の具体的な対応としてサービスの一層の充実，拡大が要求されているのと裏腹に，この制度自体の見直しに加えて地域社会全体での「見守り」をはじめとした，「支えあい」といった相互扶助が重要な課題となっている。たしかにこうした地域住民や公私の社会福祉関係者を中心に，これらの課題の解決に向けて取り組む考え方には，これまで福祉の対象とはなりづらかったホームレスやひきこもり，虐待，DVなどといった問題もその視野に入れた社会福祉対策の方向も可能といえる。しかしこうしたこの問題への対応やあるべき福祉の方向性を模索し解決・止揚を願うなら，まずこれらの問題の基礎となっているわが国の少子高齢化の動向・背景を，その根底から徹底的，客観的に把握・理解する必要がある。そこで本講では，可能なスペースの範囲でまず日本社会の構造的変化をみながら，少子高齢化社会に生起しているさまざまな問題のなかでも介護問題を中心に取り上げ，その問題の対応・対策の中核になっている社会保障制度について整理しながらこの問

題解決の方向を探り，予想される21世紀の福祉レジームを模索する。

第1節　日本社会の構造的変化

1. 少子高齢化社会の理解の手掛かり

ところで日々よく見聞きしているこの高齢化社会とは「全人口での高齢者の比率が高くなっている社会」をいうが，それは①医学・医療技術などの発達で，平均寿命が延び高齢者の絶対数が多くなる，②流行病や天変地異，出生数の減少などで高齢者以外の人口が減少した，③その両方が進行して起こる，などが考えられる。そしてまた高齢者といえば世界のどこにおいても65歳以上の人を指し，65歳が確定的な高齢者の指標として疑うことをしない。しかし高齢化社会の問題を考え定義するには，次の2つの点――その1つ目は，高齢者とはいったい何歳からをいうのか，そして2つ目は，高齢化社会とは高齢者の割合がどこまで増加した場合にそのようにいうのかを，まず明確にする必要がある。

前者については，国連の世界保健機関（WHO）の定義にもあるように，一般的には65歳以上の人を指すと理解して間違いではない。しかしながら全世界の人口構造をみたとき，わが国をはじめヨーロッパなどの先進諸国では，65歳以上の全人口に占める割合は高いが，アフリカなどの開発途上国では65歳以上の全人口に占める割合はきわめて少ない。このために国連では60歳以上を高齢者として統計をとっているように，通常は，65歳以上を高齢者として問題はないが，発展途上国のように若い人口構造をもつ国の場

合には 60 歳以上をみることもあるし，高齢化が進んだ国の場合には 70 歳以上や 75 歳以上の場合もある。65 歳以上が最適のものでも絶対的なものでもなく，高齢の線引きは曖昧にしてきわめて主観的な部分があり，一義的ではないといえるのである。もっとも本講で高齢者というときは，この一般的に理解されている 65 歳以上の人を指すとともに，65〜74 歳までを前期高齢者，75 歳以上を後期高齢者として扱っている。そして 2 つ目の高齢化社会の指標である，高齢者の全人口に占める割合についてもやはり定説といったものはなく，一般に総人口に占める 65 歳以上の高齢者の割合（高齢比率）が，7％を超えた社会のことを「高齢化社会」，14％を超えた社会を「高齢社会」，21％を超えると「超高齢社会」として区別して，社会の実態を判りやすく表示しているのである。日本の高齢比率が 7％となったのは 1970 年であり，それが 14％を超えたのは 1994 年，21％を超えたのは 2007 年である[1]。が，この「高齢化社会」の用語は，1956 年に国連の報告書のなかで 7％以上を「高齢化した（aged）人口」とよんだことに始まるといわれる。このように高齢者や高齢化の概念は相対的なもので，その国の経済・社会などの諸条件によって規定されるとともに，こうした人口の高齢化は何も日本に限ったことではないが，日本にはその進行の速さと到達基準に，次のような大きな特徴がみられることである。

　それは①ヨーロッパやアメリカがすでに 10％前後の水準にある 1950 年代には日本はまだ 5％であったが，2010 年には 23.1％とそれらを抜き世界に類をみないスピードであるということ。そして② 2050 年にはそれが 39.6％にまでなり，世界一の超高齢化水準を迎えるということなどが挙げられる。

　一方，少子化という概念は，日本では 1992 年の『国民生活白書』で使わ

れ，それ以降一般化した概念といわれるが，この概念も単に高齢化の対概念として子どもの割合が減少することを指しているものかなど，文脈のなかでその意味を理解する必要がある。が，基本的には15〜49歳の女性が「一生の間に産む子どもの数」である合計特殊出生率が，人口置換水準といわれる人口を維持するに必要な水準（日本の場合は2.08といわれる）を下回った状態をいい，晩婚化や無産化などがこの主な直接的な原因とされている。しかし日本の出生率の低下は戦前から始まっており，戦争中に出産を先送りにしたこともあって，1940年代後半には合計特殊出生率が4.3となるベビーブームをみたり，高度成長に支えられて人口置換水準前後で推移する安定期もあった。が，第1次オイルショック以降はこの水準を下回り，少子化状態は慢性的となっている。特に1989年にはそれが1.57にまで低下して一躍人々の関心を集めることになったものの，人口置換水準はその後も回復することはなく，2007年には戦後初めてマイナスの人口増と総人口の減少社会に突入した。こうした状況に対して，社会保障費の増大や社会の活力の低下を懸念して，①出生力の回復を重視する立場と，②少子化を前提にそれに対応した社会を構築する立場，といった基本的には2方向からの政策・対策が，今日議論されている。

　表1は，歴史人口学者・鬼頭宏の『人口から読む日本の歴史』などをもとに，わが国の総人口の超長期推移を示したものである。弥生時代におけるわが国の人口はわずか59万人にすぎなかったが，1873年，明治6年には3330万人と確実に増加しているはいるものの，その後の人口増加と比較すると，その質的な違い・急激な増加の内容は一目瞭然である。こうした急激な人口増や，それを支えた平均寿命の延びなどについては後述するが，①生産力の

向上による食糧事情の改善，②医学および医療の発展，③衛生知識の普及や生活環境の改善などによるところが大きく，それは結果的に人口構造上の大きな変化となって，少子高齢化社会へと変貌をみたのである。こうし

表1　日本の総人口の超長期推移

（単位：千人）

時代	西暦　年	
弥生時代	180BC	594.9
慶長5年	1600	12,273.0
明治6年	1873	33,300.7
昭和25年	1950	83,898.4
平成25年	2013	127,298.0

鬼頭宏『人口から読む日本の歴史』講談社, 2000年および, 総務省統計研修所編『日本の統計　2011』「人口推計（2013年）10月確定値」を参考に作成。

た日本社会の人口・構造的な把握なしには，以下の講で取り上げられている諸問題を客観的・科学的に理解することは不可能である。そこでこうした少子高齢化社会へと発展・変貌する日本社会の生産構造の変化を，次に簡単に整理することにする。

2. 近代社会成立と第2次世界大戦前の日本の社会
（農業社会から経済・産業社会へ）

明治維新前の徳川幕府を根底で支えたのが，戦後の「農地解放」まで続くことになった生産基盤である「地主・小作制度」であり，その幕藩体制を内から支えたのが「士農工商」の身分制であった。幕府は職業によって身分を固定化し，体制に好都合な朱子学をはじめとした儒学を広め，各階層に家父長制的な「家観念」を導入して，整然たる身分制の貫徹した社会構造を作り上げた。もちろんその内部では，農民層の分解や商業・貨幣経済の兆しが着実にみられたが，「鍬」を主道具とした農業を基盤とする以上，急激な生産力の発展は期待できず，人口の停滞した閉鎖的で狭小な社会にとどまった。

このため人々は，基本的にはD. リースマン[2)]の指摘するような，生産主体としての意識をもつことはなく，武士，家長を中心に現世的な権威や秩序・伝統に恭順し，所与の現実を容認するといった行動様式をとり，ある意味でR. ベネディクト[3)]のいう「恥じ意識」が，彼らの行動の基礎に置かれたのであった。そして通常は，こうして商業・高利貸資本が封建社会のうちに成長していくとき，その基礎をなす自然経済を掘り崩し，封建社会そのものを破壊に導くとされるが，日本の場合には，幕末においてもなお諸工業の生産形態は問屋制家内工業が支配的で，自主的な近代社会の途は開かれることはなかった。イギリスを先頭に資本主義諸国は，インドや中国の侵略に続き強引に日本に開国を迫り，日米和親条約（1854），日米修好通商条約（1858）と次々と締結させたために，幕府もその本意・意図とは逆の方向に開港・開国をみることになったのであった。このように植民地化の危機をはらんだ状況下で政府は独立を確保して，列強に対抗できる日本を作るための進路として，やむなく伝統的な社会体制をそこに生かす「王政復古」への道をとることになったのである。

　1867年10月の大政奉還，12月の王政復古の大号令をもって成立する明治政府は，1868年3月の「五箇条の御誓文」についで4月に政体書を発し，三権分立による中央集権の確立へと順次その基礎を固めてはいった。しかしながら商品経済の発達が不十分な妥協的・不徹底な状態で成立した明治政府は，列強に対抗するためには急速に資本の原始的蓄積を押し進め，一刻も早く絶対主義的な中央集権体制をととのえ，一挙に帝国主義諸国に追いつく必要があった。特に国防をはじめとして，それら不平等な条約改正の必要から，富国強兵による近代化を強引に図ることとなり，そのための財政的資金を主

に地租改正による税収に求めることになったのである。もちろんこの地租改正についての評価は分かれるものの，地租改正によって確立された統一的な租税制度と，近代的な土地所有や農村への商品経済の浸透が，日本の近代化，資本主義化の基礎をなしたことは異論のないところであり，諸列強の外圧を避けつつ政府が自らその先頭に立ったのである。具体的にそれは，より後進的な諸国に対する政治的な支配へと向かわせ，日清・日露戦争を多くの犠牲のうえに勝利して，帝国主義列強への仲間入りを果たしたのである。しかしそうした順調な発展にもかかわらず，明治末期の日本は次の数値が示すようになお農業国的な段階にとどまっていたのである。

表2にみるように，維新後40年を経た1907年においても農業人口はなお6割を超え，工業人口はわずか15％にすぎず，その工業人口のうち5人以上を使用する工場の従業員や官営工場の労働者は2割強であった。まして近代的な賃金労働者となると，その有業人口の5％にも達せず，農業や小自営商工業者が圧倒的な比重を占めていた。しかし，そうした後進性ゆえにあわただしい発展を余儀なくされた日本は，20世紀のはじめには独占資本の形成にたちむかい，軍需生産を中心に重化学工業化を急速に進め戦時体制へと突入していったのである。しかしそれでも全体としては，依然として前近代的な農村的

表2　職業別人口

(単位：％)

		1907	1950	1960	1990	2012
第1次産業	農林業	61.7	48.5	32.7	7.1	4.2
	水産業	1.9				
第2次産業	鉱業	1.1	21.8	29.1	33.3	25.2
	工業	15.1				
第3次産業		16.1	29.6	38.2	59.0	70.6

総務省統計局『労働力状態，産業，職業別人口』を基本に作成。

な社会にとどまっているというのが実態であり，その社会を構成した大部分が，零細な家族経営の農家と前近代的な商店や手工業的な町工場の業主とその家族従事者を主体とする人々の社会であった。しかもそれら零細な農家や小規模な商工の自営業者らにとって家族は，単に生活集団というだけではなく生産集団でもあり，そこは直接的には「生活の場」であり同時に「家業の場」であり，それらが原則的に長男を後継者にして継承されたのである。そしてこれらを支えたのが他ならず「家」であり，その「家」制度こそが，こうした零細な農業や小規模な自営業にもっとも適合的な制度として，戦前の日本の社会で重要な意味をもち続けたのである。なぜならそれは，老後を後継者に託すことができるという点で安定性をもち，介護や貧困などの諸問題が起こってもそれを顕在化させないばかりか，もしそれらの機能が弱い場合には「家」をめぐる同族や親族が，その機能を補強する役割を担うような関係になっていたからである。しかしこのことは逆の見方をすれば，そのために高次元の社会政策や社会保障制度の要請を遅らせるマイナスの要素でもあったが，このような「家」が，そして「家」制度が，農村でも都市でも基本的な構成単位として社会の根底に置かれていた。そこは生活の場と営業・生産の場が１つの共同体であったために，自給自足的，封建的な生活の反面，冠婚葬祭などにおける相互扶助や共同労働をとおして，そこが「隣保共助」のシステムとなり重要な人間形成の場でもあった。政府はこうして村でも都市でも，封建的な伝統的な共同体のなかに組みこまれた人々を，「天皇制国家への集中的忠誠」というイデオロギーで教化し，この前近代的な社会構造をたくみに利用して「世界恐慌」を乗り切ると，軍部主導の戦争への途に日本を推し進めていったのである。

3. 第2次世界大戦後の社会と人々の生活
　（急激な人口増加と平均寿命の進展）

　原子爆弾の投下によって1945年8月15日，無条件降伏で戦争の幕を閉じた日本は，廃墟のなかから再出発することとなったが，壊滅状態のそこでは，基本的人権の尊重とか言論の自由よりも，まず食べることから始めなければならなかった。しかし，それでも日本の変革は占領軍の駐留のもとで，民主主義の名のもとに強引ともいえる形で進められた。

　絶対主義的天皇制は象徴天皇制に改められ，大日本帝国憲法は廃止されて日本国憲法が制定された。そして民法の改正により相続法は大きく変わり，両性の平等は封建的な「家」制度，「家長」制度の廃止とともに保障され，近代日本を支配してきた財閥も解体された。労働者は労働基準法や組合法などによって団結して自らを守る他方で，高率の小作料を搾取され戦前の社会を支えてきた農民も，地主制が逐次1946年から始まった農地解放のなかで廃止されて封建的な束縛から解放された。こうした変革の他方では，憲法によって学問や思想の自由が保障され，旧来の国家主義的な教育は新しい教育制度によって改革され，過度な中央集権化は是正されて地方自治が確保されたのである。

　これら5大改革といわれる改革で，日本は経済的にも思想的にも立ち直りをみせだし，1950年に起こった日本を前進基地とした朝鮮戦争は，朝鮮特需により日本の経済を一気に復興から高度成長へと加速させた。1954年の神武景気を皮切りに鉄鋼から自動車を主要輸出品目として，1971年のドル・ショックに続く第1次オイルショックでは世界が経済不振に陥るなかを，日本は内需主導の景気拡大策によって，拡大に次ぐ拡大を遂げて失業率は3％

を切った。そして 1985 年にはプラザ合意がなされ，アメリカが「貿易赤字と財政赤字」という双子の赤字で苦しむなかで，世界有数の債権国・経済大国となりバブル景気の到来をみた。が，90 年代に入るとそのバブルがはじけて不良債権の処理が急務となり，日本は「失われた 10 年」とよばれる長期不況に突入することになった。しかし 21 世紀に入ると貿易相手はアメリカから中国に代わり，その経済発展に牽引される形で外需が伸び，IT 化の普及によって新興産業が発展する一方で，公的資金の注入や不良債権の処理も進んで 2002 年から 2007 年頃まで「いざなみ景気」を実現した。こうして消費性向は回復したものの内需の本格的な成長には至らなかったために，2010 年に政府は「新経済成長戦略」を決定して成長を目指した。が，長期化する円高もあって好転への兆しはみられないまま民主党政権が崩壊し，2012 年末には再び安倍自民党政権が誕生し，人々は消費増税と引き換えに「アベノミクス」の経済発展に大きな期待を寄せることとなった[4]。しかしながらこうした高度成長後の日本的な経済・経営方針は，本来なじまないはずの教育や家庭といったところにまで広がり，結果的に少子化に拍車をかけるとともに，次のように社会のさまざまな面に大きな変化を引き起こした。

　その 1 つが，世界に類をみないスピードで減じつづけてきた第 1 次産業の激減と引き換えに第 2 次産業，第 3 次産業に就労者を増加させ，その中味とともに性格も変えて重化学工業へと生産の比重を移していった。もっとも第 2 次産業は 1970 年頃を境に，技術革新に加えて合理化などによって，生産額を増加させながらも就業者数の増加という点では 1975 年をピークに減少するものの，第 3 次産業は対人・流通などの業務内容の特殊性に加えて，コンピュータ関連の急速な発展もあって増加を続け，2012 年には 70.6％にま

でなった（表2参照）。しかしそれら就労者のなかに女子の就業者と非正規労働者として問題となっているパート，アルバイトを増やすなど，雇用者の質を大きく変えることになった。もっともこれらの変化は，男女平等の意識や教育の機会均等などによって戦前の女性の労働観が払拭されたこともあるが，何より高度成長のなかで各産業が労働力を必要としたことと，20世紀末からのコンピュータの導入などで，女性にもそれらの業務を遂行できるといった職種・業務内容の変化や外食産業の拡大による食生活の変化などの影響も少なくない。こうした急激な工業化・産業化の進展は，この就労者増とともに総人口に占める都市地域の人口でもって示される都市化率からも明らかで，1868年には9割以上の人が農村に住み農業人口が8割を越え，都市の人口は人口比で1割にも達していなかったが，1920年にそれは2割近くになった。しかも1961年に終了の新市町村建設促進法の後押しもあり，1965年には都市化率は68％に拡大し，2005年には何と86％となっている。この就業・就労構造の変化と都市化の2つの指標から，日本の社会は確実に雇用者主体の都市的社会へと変化したことを知るとともに，その変化は地域社会に次のような変化を引き起こしたのである。

　職住近接で運命共同体的な性格をもっていた村や町は，職場と住居が異なるサラリー・賃金による生活者が主体となり，共同体的な強制，非民主的な拘束がなくなる他方で，自己主張が強くなり，連帯して協力する姿勢は弱くなって，単なる住居の場所となって空洞化していった。そこは賃金労働者に適合的な核家族が中心となり，5人前後で推移していた平均世帯人員数も，一時期ベビーブームで減少に歯止めがかかったが，高度成長期以降は確実に減少を続け，2005年には2.55人となった。そして一般世帯に占める核家族

世帯も，1980年までは上昇したがその後は低下して6割をわるとともに，高齢者増・高齢化を反映して高齢者の世帯が2005年には35.1％と，その間の増加率は一般世帯を上回るなどその実態を大きく変えていった[5]。こうした家族の変化の他方で，1960年以降の急激な医学・医療の発達が少産少死を現実のものとしていくなかでの急激な高度経済成長は，知的競争社会を反映して人々の子ども観を一層強く少子化に振り少子化社会へと移行させただけではなかった。それはまた農村への機械化の導入を促進し交通網や交通機関を発達させ，人々の被雇用者への途を開くとともに，余暇時間の拡大と生活行動範囲の拡大を図り，都市とのつながりを強め，兼業農家を増大させ専業農家を激減させたのである。こうして村が変化し都市化していったのに対して，都市もまたコンピュータの導入により，それまでと異なる職種や労働者が数的にも増え，地域に何の関心ももたぬ核家族的・マイホーム主義的性格の強い，共同体的な拘束や規則の通用しない，「隣保共助」のシステムが働かない社会へと変貌していったのである。しかしながら阪神淡路大震災に続く，1000年に一度という東日本大震災や福島原発事故の際に強調された「絆」に代表されるように，忘れられ消えてしまったと思われていた，人々が「連帯し協力していこうとする姿勢」は必ずしも失われておらず，新しい民主的連帯と自主的な協力による新しいコミュニティづくりも起こり始めている。

第2節　少子高齢化社会における深刻な介護問題

1. 医学・医療技術の発展と複雑な諸問題の発生

　前節では，本著の課題の基礎的な理解のために高齢者や高齢化などの概念とともに，少子高齢化社会へと変遷した日本の社会構造について整理・考察した。そしてこうした社会構造の急激な変化にともない，それまでの貧困や失業，身体的な障害などと異なる，たとえば高齢者の介護や乳幼児の育児などといった問題が深刻化し，これらの問題・ニーズへの対応が急務として浮上してくることをみた。もちろんこうした問題やニーズに対して，区別せずに社会福祉ないし社会保障の概念で同義に扱われることもあるが，狭義には社会福祉は社会保障の一分野として捉えられ，福祉六法やそれに派生，関連した政策を内容とするとして把握される。これに対して社会保障は，通常個々人では対応しきれない問題・ニーズに対処するために，国などの公的機関が社会保険料などを財源として行う事業をさすものとして扱われていて，不十分な制度ではあるものの第2次世界大戦前には，1874年の恤救規則や1929年の救護法などがそれとされた。そして第2次世界大戦後にようやく公的扶助，社会保険，社会福祉，公衆衛生の4本柱からなる社会保障制度が制度的に確立されることになったのである。そうした社会福祉や社会保障の概念についての問題はひとまずおくとして，これら介護問題をはじめ失業や病気などさまざまな理由で，「健康で文化的な最低限度の生活を営む権利（生存権）」が脅かされ，その対応・解決を希求するニーズへの対応・政策を

展開して，日本国憲法第 25 条に記されたような生活を目指す国家を通常，福祉国家といっている。ここではこうした点を念頭に，まず高齢者増や少子化，介護・ケア問題などの大きな原因となった医学・医療の発展と，それによって引き起こされたいくつかの深刻な問題を整理することから始める。そしてそれに続けて，農業社会から経済・産業社会への発展による地域社会の変化や女性の社会進出，核家族化による家族形態や役割構造，介護意識の変化などを概説する。もちろん高齢者や要介護者増の原因には，これら医学・医療技術の発展以外に，衛生知識の普及や生活改善や環境整備など，さまざまな事項が関連していることを否定することはしない。が，それらの直接的な，大きな原因の 1 つとなった医学・医療技術の発達について簡単に整理することにする[6]。

　ところでこの介護という言葉は，1892 年の「陸軍軍人傷痍疾病恩給等差例」の中で施策としてではなく恩給の給付基準として日本の法令上出てくる。そしてこの概念が主体的に使われるようになるのは，1970 年代後半からの障害者による公的介護保障運動からであるが，介護は看護のなかに含まれるとして，「看護」という言葉で十分代用できるという意見もあって，「介護」と「看護」とを区別する業務内容やその位置づけについてもまだ専門的な定義はなく，「介助」よりも広い範囲で使えるということで広まったようである。また医学・医療の関係についても，医療は「術」ということができ，科学技術としての医学がその前提となるために，その国の科学技術の発達はもちろんのこと，政治・経済・教育などの要因によってもその内容が大きく異なる上に，「学」としての成立をもってそれをみるとなると，その成立はずっと後のこととなる。しかし，病気は生命体の発生と同時に存在していたと

考えられることから，一般的には医学の起源を人類の誕生と同時にみており，その起源を推測しようとしたのはヒポクラテスが最初で，それを原始人の日常生活に求めたといわれる。もちろん原始人の日常生活でどういった医学が成立し，また医療行為がなされたかは資料が少なく定かではないが，今日われわれはそれら科学や医学の，そして医療技術の多大な恩恵を受けているのは紛れもない事実であるが，その裏では次のような難しい問題を，3つの段階（その分類・段階は便宜上の区分であり，すべてが相互に関連していることは改めて述べるまでもないことである）で投げ掛けられてもいる。

　第1段階としてのそれは，試験管ベビーや体外受精などの受精卵操作の問題とともに，クローン人間や人工子宮の問題などを提供する他方で，平均寿命の進展や少産少死に伴う，少子化による人口構造の変動や高齢者増といった問題とも強い関わりをもっている。そして2番目の段階では，臓器移植や人工臓器の開発といった問題とともに，脳死や植物人間の問題などに加えて，高度疾患者（児）の増加などもこの過程での問題として，人権との関わりで種々の深刻な問題を提起している。また3番目の，生の終わりに関する問題では，直接的には高度医学・先端医療の適用による安楽死や尊厳死など，生命・生きる権利の問題とともに，それら高度医学・先端医療の適用によって高齢者や要介護者などの長期化など，介護・ケア問題の増加・対応が大きな問題となっている。いうまでもなく医学や医療技術の発達がもたらしたものは，こうしたマイナス・悲観的なことばかりではなく，夢のようなiPS細胞の発見による「生命の無限の可能性」はおろか，身近な不妊夫婦の体外受精や未熟児医療，人工臓器の開発などといった明るい希望的な面も多くもたらしている。

このように医学・医療技術の発達は，単に患者のもつ医学的・精神的な問題としての病気の治療・治癒などに寄与しただけではなく，人々の全体的な平均寿命を大きく進展させ人口増や高齢者増といった面とともに，その結果として介護・ケア期間の増加といった面とも強い関わりをもっているということである。

2.　少子高齢化にともなう問題の顕在化

　前節でみたように日本が少子化の方向に大きく舵を切るのは，敗戦後の，とくに朝鮮戦争後の経済復興からその後の高度成長期にかけてであり，それはわが国が農業社会から経済・産業社会へと変化・発展していく過程でのことである。その高度経済成長を背景に，急激な医療・医学技術の発展に支えられて少産少死が現実のものとなり，60歳に満たなかった平均寿命は一気に押し上げられ，全体的な人口増加をその結果として引き起こすとともに，次のような高齢化した少子化社会の到来をみたのである。

　具体的に戦後の産業の発展は，家族労働力に依存していた零細な農業社会から，賃金労働者を主体にした高度経済社会へと生産構造・社会構造を大きく変化させた。こうした構造的な変化に伴い，重要な労働力ないしその予備軍とみられていた子どもらは，それまでの農業生産の労働力としての位置づけから解放されたものの，今度は厳しい知的競争社会・経済競争社会に放り込まれることとなった。しかもその急激な高度経済成長は，貨幣経済の浸透とともに多くの人々・労働力を必要としたため，農業従事者はもとよりそれまで補助的な位置づけだった女性たちにも，正規労働者としての就労の機会を増やし女性の社会進出を促したことにより，それまでの女性の家庭内での

役割構造に大きな変化を与えることとなった。たしかにこうした農業社会から経済・産業社会への構造的な変化とともにその生産力の拡大は，食料をはじめさまざまな物質的な諸事情を大きく改善し，人々はそれまでの厳しい・ひもじい状態から，十分にその食欲をはじめとしてさまざまな基礎的な欲求・欲望を満たすことができ，急激な人口の増加という結果をもみた。そして戦後の衛生知識の普及や機会均等による全体的な教育の向上などとともに，1960年代以降の急激な医学・医療技術の発達による死亡率の低下によって，人々の平均寿命は一気に押し上げられる他方で，難しい脳死や臓器移植などの問題を発生させながら，これら高齢者の増加に加えて介護・ケア期間の長期化へと人々は踏み込むこととなった。加えて医学・医療技術の発達によって少産少死が現実のものとなったその一方で，従来にも増して産業社会は世界を視野にしたグローバル化を前提とした方向へと進展し，人々はより厳しい経済・知的競争にさらされることとなった。そうした背景のもとでは，人々の子ども観は少数精鋭主義・少子化へと大きく振れることとなり，やがてピラミッド型の人口構造は，高齢者増と少子化の両面から崩れることとなったのである。とりわけ原料・資源のないわが国の特殊事情から，付加価値の追加を主体とする産業社会への発展は，高度な知的能力・高学歴を前提とするために，限られた生活費・サラリーでそれらの条件を満たし，かつ優位に生き残るには少子化の途しか残されておらず，当然のように少子化が最適といった方向へと，子ども観をシフトさせていったのである。しかも戦後の急速な機械化やその後のIT化などによる労働力の削減，合理化・生産効率のアップといったわが国の生産・経営構造は，これらの状況に対応可能な優秀な能力ある労働力を必要としたことが大きく，男女平等・教育の機会均等

のもとで，男性と同等の，高度な知識を身につけた女性はその重要な一翼を担う存在であり，ここに女性の家庭内の役割構造や地域社会における従来の役割・機能面に大きな変化を引き起こすことになった。具体的にそれまで家族労働力，畜力に依存した零細な農業社会であるがゆえに助け合ってきた，また助け合わざるをえなかった人々は，農村への機械化による労働力の削減によって「三ちゃん農業」に代表されるように，必要不可欠だったそれら生活維持の互助機能を必要とはしなくなった。こうして高度経済・産業社会への発展は，賃金労働者を主体とする社会を出現させるとともに，それら賃金労働者の関心は会社・企業に向けられ，居住地・コミュニティへの関心は薄く地域社会は空洞化していった。

　またそうした変化を別の面で加速させたのが，民主主義・個人主義・平等主義といった戦後の教育，思想の浸透である。これらによって旧来の女性の家庭内での役割構造や家族・コミュニティにあった互助機能も，ある意味で平等やプライバシーの尊重などの裏面的側面として否定され，人々の家庭内介護の意識をはじめ労働観をも変化させ，施設介護や女性の社会進出を強力に後押ししたのである。こうしてそれまで職住近接で重要な生活の場であったコミュニティは空洞化し，美徳とされてきたさまざまな倫理・価値観なども否定され，ついには「隣保共助」の機能さえをも崩壊させてしまったのである。もちろんその背後には新憲法の制定，民法・相続法の改正による家長権や家督相続の否定が大きく，それらによる倫理・価値観の下支えもあって，個人主義・賃金労働者の生活に適した核家族化への途が容易に開かれ，その結果，家庭内介護を物理的に難しくするとともに，地域社会においてもそれらの互助機能などの維持が困難になったのである。それにこうした社会・生

活構造の変化に対応して,「託児所」や「介護施設」などが増えたこともあって,人々の介護・ケアへの対応は「家庭内・在宅介護から施設介護」を次第に当然視させていったのである。しかしそのことで,それまでは表面化しなかった,いい意味での介護・ケア問題などの課題を顕在化させるとともに深刻化させてもいったのである[7]。

　いずれにせよこうして日本が,その構造的な変化をはじめさまざまな面で大きく社会を,その内容を変化していく過程で,明治以前はそれら貧困や肉体的・精神的な福祉ニーズへの対応は,江戸時代にその例をみるように一部の藩で冷害などによる飢餓などに備えて社倉を設置したり,非人小屋を建てての組織的な対応もみられたが,その多くは僧侶や篤志家などによる個人的な対応であった。要するにそこでは親族間の相互扶助を第一に,ついで五人組など隣保の相助が考えられ,そうした相助の範囲での非組織的な対応に終始したのである。その意味でいえば,明治に入って1871年の被差別部落に対する「解放令」や「棄児養育米に関する覚書」,1974年の「恤救規則」などの交付による,十分とはいえないものの上からのというか,政府による組織的な対応がなされるが,次第にそうした上からの対応,政府による救済・支援活動がなされるようになっていったのである。そしてまたそうした組織的,体系的な活動によって,その成果も逐次大きくなっていったのであるが,ここでは紙面の関係から,第2次世界大戦後の,こうした政府・国による組織的,体系的な福祉ニーズへの対応・対策について極く簡単にみることにする。

3. 戦後の社会福祉の歴史

　敗戦という大きな事態を受けて，急激に経済や国民生活が変化し，窮乏化するなかでの政府の福祉ニーズへの取り組みは，1946年の（旧）生活保護法，1947年の児童福祉法，1949年の身体障害者福祉法の制定などにはじまり，知的障害者福祉法，老人福祉法や介護保険法，老人保健法などを次々と成立させ，それらの法律によってさまざまな福祉ニーズに対して個別に対応を図っていった。もちろんこうした動きの背後には，社会保障の基本的理念を明示した日本国憲法の制定や，1950年の社会保障制度審議会の勧告などが大きかったことに加えて，次第に高まってきた福祉や社会保障に対する国民の強いさまざまな要望があったことを見落とすわけにはいかない。それにまた政府もある意味こうした動きを受けて，それまで以上に積極的にこれら各種の救済や支援を必要とする人たちの福祉，問題解決の道を模索し，福祉や生活保障に関する具体的な法制度を順次制定・整備して，その運用を図っていかざるをえなかったのは事実である。そうした戦後の福祉ニーズへの対応にみられる，その現実的，具体的な福祉の内容やそれを裏づける社会保障制度については，上述した戦後の急激な社会経済的な変化や医学・医療などの発展に加えて，人々のこれらの問題への意識・関心などを受けてさまざまに変化していくものの，それは大きく次の4期に分けて整理することができる[8]。

(1) 戦後の生活困窮者の緊急支援と基盤整備（1945年以降）

　政府は日本国憲法や社会保障制度審議会の勧告などを基に，基本的には福祉国家への道を模索することになるが，戦後の混乱したこの時期には，生活

困窮者の緊急の救貧施策に力を注ぐことになった。特にこの救貧施策としての対応は、生活保護制度がその中心的な役割を果たし、1950年の厚生省の予算の半数近くが生活保護費であったことが、その実態を証明しているといえる。そしてその他方で政府は、保健所や福祉事務所等の行政機構の整備や保障行政の基盤整備を進めていったのである。

(2) 皆保険と皆年金による保障制度の発展（1960年ころからオイルショックまで）

朝鮮戦争をきっかけにして始まった高度経済成長の、その具体的な成果としての国民の生活水準全体の向上などにあわせて、この時期にはこれまでのように生活困窮者や援護が必要な人々に対する救貧・救済対策だけではなく、それに加えて、国民の福祉への関心・高まりを受けて、それらの生活困窮者以外の人々が疾病にかかったり、老齢や失業などによって生活困窮や要支援者となる状態を防ぐ施策、積極的な対応の重要性が話題・課題となった。それまで医療保険や年金保険の適用外であった自営業者や農業従事者など、全国民を対象にした医療、年金保険制度が新たに導入され、1961年にそれは「国民皆保険・皆年金」として今日の社会保障制度の根幹が確立されることになったのである。これによって、それまでの生活保護者を中心とした福祉の時代から、被保険者が自ら保険料を支払うことによって、疾病や老齢などといったリスクに備える社会保険中心の時代へと社会福祉の内容は移っていくことになるのである。特に1960年代後半から70年代にかけて、高度経済成長の副産物とも言い得るような社会保障の各制度における給付改善や制度の拡充などが行われ、1973年には老人医療費の無料化や年金水準の大幅引

上げが行われたことなどもあって，この年は「福祉元年」ともよばれ福祉ニーズへの対応が積極的にとられた。

(3) オイルショックを契機に制度の見直し（1970年代後半から80年代）

1973年の秋に起きたオイルショックを契機に，わが国の財政事情は急激に悪化したために，1970年代には「財政再建」が強く求められることになった。特に高度経済成長の副産物ともいわれ，急激な高度経済成長に歩調を合わせるように拡大してきた，福祉の基幹をなす社会保障制度については，それまでのような大盤振る舞い的な政策は夢のまた夢として消えた。そして社会保障費用の適正化，給付と負担の公平，安定的・効率的な制度の確立などの観点から制度の見直しが積極的に行われた。具体的には老人医療費の公平な負担との観点から老人保健制度の創設や，被用者本人に対する定率負担による健康保険法の改正などのほかに，基礎年金制度を基盤にした年金制度の抜本的な改正など，次々と改革・改正がなされた。

(4) 少子高齢社会に向けた制度の構築（1990年代以降）

高齢化の進展とともに，合計特殊出生率の低下を受けて2007年をピークに，明治以降初めての「人口減少社会」をみたこともあって，これまでにも増して人々は少子化の進展に強い関心を払うようになった。特に1990年代後半からはこうした少子高齢化の急激な状況を受けて，社会保障の構造改革や社会福祉の基礎構造の改革の取り組みとともに，深刻化が予想される介護不安を解消するための介護保険制度創設に向けて，介護保険法の制定や福祉サービスの需要の増大・多様化などに対応するために，福祉制度の見直しや

新ゴールドプランなどの計画的な基盤整備がなされた。そして2012年末の安倍内閣の成立によって，消費増税の実施といった負担と引き換えに，「アベノミクスの三本の矢」や2020年のオリンピック開催決定などを受けて，人々の経済発展への夢を基盤にした，従前にもましたさまざまな福祉ニーズ・問題への対応が期待されている。

　こうしてわが国の戦後の社会福祉，保障制度の歴史を振り返るとき，大きく1970年代前半までは，その制度設計にあたって欧米諸国を目標に「貧困からの救済と貧困の防止」と「給付内容の充実」ということに力点が置かれてきた。しかしオイルショックを契機に70年代後半以降は，それまでのような経済の発展は期待できず，「給付と負担の公平」「長期的に安定的な制度の確立」などを目標に，対応の基幹である制度の調整と再構築を図ってきたということができる。

第3節　21世紀の福祉レジーム

1. 要介護問題止揚の萌芽・可能性の浮上

　戦後の日本社会の構造的な変化や社会福祉，社会保障制度の歴史を振り返るなかで，平均寿命の進展を受けて高齢者の増加にともない介護問題が増加し，その問題が顕在化していった状況・事実を理解・把握した。そしてその他方で，その社会の内部には次のように介護問題をはじめとして，さまざまな福祉ニーズの止揚・解決の可能性・客観的な萌芽が生み出され，強化されてもいる事実をも知りえた。

　その第1の要因・可能性として挙げられるのが，これまでこの介護問題の主要因・負の要因として考えられ，また扱われてきた高齢者の増加という事実に対する認識である。たしかに今後も医療・医学の発展に加えて食糧事情の改善や人々の健康志向によって，平均寿命の延びはわずかずつにしても当分継続すると思われるし，子ども手当や授業料の無償化などの育児，子育て環境などハード面の改善・改革によって，若干少子化に歯止めはかかると思われる。しかしながらグローバル化や高度なIT化は進行し，知的競争がますます激化していく現状を踏まえたとき，ここ何年も継続している1.3前後といった合計特殊出生率が，急激に変化して人々のその根底にある少数精鋭，少子化の意識がなくなるとは思えない。少子化と平均寿命の延伸というこの両面から，2007年以降の総人口の減少と高齢者増・高齢化率の上昇は継続し，若年層，若年者の比率は当分ますます低下していくことは間違いない。その

ため，1995年に生産人口4.8人で1人の高齢者を支えていた社会保障制度の根幹を，2025年には2.0人で支えなければならない事態となり，この要介護・要ケア者は数の面と期間の面から相乗的に増加した上に，それらを支える人材不足は不可避的・恒常的となることが予想され，ますます介護などの問題は深刻化しかつ恒常化することは必至と思われる。

　しかしながらこうした状況の理解・把握の他方で，この介護問題について考える際に私たちは大きな，重要な事実を誤認ないし見落としているということである。たしかに高齢者の肉体的な面を考えたとき，生産人口としてカウントされる人たちと比べても，また個人としてもその若い時期と比較して弱体化していることは否定しえない事実と思っているし，またそれは否定しえない事実ではある。しかしながら昨今の高齢者は，程度差はあるものの，戦前の「ご隠居さん」に代表される「社会との関わりを避けて，ひっそりと生活する人」としての高齢者とは大きく異なっているということも，これまた事実だということである。本著の第2講での実証的なデータを踏まえての論述からも，そこには昨今の高齢者の元気な姿が垣間見れるように，決してそうした消極的な「ご隠居さん」などではない。ところが今もなお多くの企業が事実上の60歳を退職時としている。が，退職したその後の，特に前期高齢者といわれる75歳ころまでは，私たちの過去の調査結果だけではなく政府をはじめとしてさまざまな団体，企業の「高齢者の意識調査」などにみられるように，社会参加意欲・貢献意欲は強く，「負の要因や要介護者」などではないということである[9]。ところがこうした積極的な側面を故意にか，それとも無関心のためにかみようとはしないで，いわれるままに「負の要因」ないし「厄介もの」や「福祉ニーズの対象者」として扱うといった大き

な過ちをしているということである。

　そして第2の要因が，20世紀後半から21世紀にかけて飛躍的，加速度的に発展を続けているIT化や，iPS細胞の発見などの医学や科学の発展による個人的な，また全体的な意識面を含めての生活・ライフスタイルの変化である。介護問題においてその具体的な一例を挙げれば，高齢者など要介護者を支援，補足するアシスティブ・テクノロジー（Assistive Technology ＝ AT）機器の創造・開発は，これまでにも増して飛躍が期待されるとともに，企業も一層強力に開発を強化していくと思われるが，単にそれだけではない。それらの要求・期待も従来の企業・メーカーサイドの理念から，使用者・ユーザーサイドにたったAT介護支援機器の開発・創造へと，「ヒューマン・センタード・デザイン（人間中心設計）」によるAT機器の開発・創造へと変化していくなどが予想されることである。

　こうした第1，第2の要因などを踏まえて改めて21世紀の社会を考えたとき，そこにはこれまでのような悲観的な20世紀までの社会とは異なる，新たな希望のある，またその可能性が十分に認められる社会が創造されることである。そしてその重要な鍵となるのが，これら増加している「負の要因」とみられ扱われてきた高齢者と，各種の調査結果にみるように人々の希望する「価格の安い，シンプルな，扱いやすい機器」の開発・創造に加えて，その両者の生産的・有機的な連携である。この連携は高齢者の社会的参加の「いきがい」にもつながる上に，「高齢者の肉体的な弱点を補強して，ルーチンワークは進化するAT機器が，そして発展しているとはいえまだ人間には劣るAT機器などの精神的な側面は，経験豊富で年齢的にも近い高齢者が担う」というように，両者の欠点・弱点を相互に補完しあう関係がそこに

成立することである。しかしその関係を維持したり，その機器を開発し運用するなどで忘れてならないのは，それらの前提として高齢者や障害者に限らずすべての人々への，またすべての人が「人間性の開花」のための「ヒューマニズム（Humanism）」と「ノーマライゼーション（Normalization）」の思想・理念を，それらの根底に置いて実践しなければ，真の意味で「人間性の開花」を志向した社会や人間関係を築くことは不可能だということである。こうした高度情報化や社会参加意欲の旺盛な高齢者を視野に入れて客観的，冷静にこの問題を考えたとき，その先に予想される現実的な福祉レジームが，すでに『創造的教育・福祉・人間研究』のなかなどで述べてきた，次の「第5の福祉レジーム」の途といってよい[10]。

2. 予想される第5の福祉レジーム

　この「第5の福祉レジーム」は，1990年にイエスタ・エスピン＝アンデルセン[11]が示した4種類の福祉レジームを止揚した途であり，高齢化が進展し高度先端のAT機器などの開発・創造が積極的になされている諸国の，そしてそれら既存の福祉レジームを基盤におき，この「高齢者などとAT機器の有機的な連携」をその福祉政策の大きな柱として，それらの社会保障制度に据えて再構築・再編したレジームである。イエスタ・エスピン＝アンデルセンの福祉レジームは，オイルショック以後の「福祉国家の危機」に対して，各国の社会保障政策の特徴やグローバル化への対応の多様性を，政治的イニシアティブや経済レジームとの連関において考察し分類したものである。特に1960年代以降の先進諸国では，科学や機器・技術の著しい発展により，テクノロジーおよびビジネスモデルの改革によって経済規模が拡大し

たその他方で，医学や医療技術の向上などによって人口増とともに平均寿命が著しく進展して，保健・介護・年金などの支出の増大に加えて，女性の社会的進出や就労の機会の増加，教育水準の上昇などから保育や教育に対する歳出が増えた。そして 1980 年代以降は，解雇された労働者の生活や再就職を支援するために，その歳出は GDP や政府歳出の増加率よりも高いものとなり，政府や国民にとってどのようにして「費用対効果」を向上させるかが重要な課題となった。こうしたなかでそれは 1990 年に提起されたもので「脱商品化と階層化」という 2 つの指標でもって，社会民主主義的福祉国家，自由主義的福祉国家，保守主義的福祉国家と，後日追加する南欧・東アジアモデルといわれる家族主義的福祉レジームの 4 類型に分類し，福祉国家の発展は 1 つではないとして提示したものである。

　彼のこのレジーム論が，本講を考察する上でも大きな手掛かりを与えるものであるのは事実であるとはいっても，彼の視点・関心が世界各国の福祉レジームの実態の把握に置かれていたことに加えて，急激な IT 化や高度な医科学的側面が進展したのが 21 世紀に入ってからである。このために止むを得ないこととはいえ，必ずしもそうした社会の変化や人間の基礎的な行為と社会，人間の関係などの側面を十分に評価しているとはいえないことである。そのため私は 25 年程前から予想される急激な少子高齢化の事態を想定し，その対応策として「互恵的なボランティア制度（Reciprocal volunteer system）」の法制化を提唱するとともに，その有効性を確認するために，1993 年の文部省の科研費による調査を皮切りに，この問題の重要な鍵となる高齢者をはじめ，それを支える家族や若年層を対象に調査を継続的に実施し，『21 世紀高齢社会とボランティア活動』や『桜文論叢』などにその結果を報

告してきた[12]。従ってここでは詳細はそれらに譲るが，それら一連の調査研究を介して導き出された重要なことは，この「増加する高齢者とAT機器の有機的な連携」との確信である。そしてまたそうした先行研究などを踏まえて導き出したのが，既存の福祉レジームを基盤に，「高齢者などとAT機器の有機的な連携」を福祉政策の大きな柱に据えて，社会保障制度を再構築・再編するこの問題のカギになる「第5の福祉レジーム」の途である。

具体的に日本の場合には，1908年の「中央慈善協会」に源をもち，社会福祉法にもとづいてすべての都道府県，市町村に設置されている「社会福祉協議会」を核にして，再編を図るのが生産的，合理的な途ということができる。が，日本以外の国々においてはその国の経済的な発展や人口構造，既存の福祉対策や対応，人々の意識などによって異なったものになると思う。しかしその途の実現のためには，上述した「人間性の開花」のための「ヒューマニズム（Humanism）」と「ノーマライゼーション（Normalization）」の思想・理念をそれらの根底に置いて，AT機器と高齢者をはじめとして，人々の生産的・有機的な連携の運用・活用がその第一歩である。もしその途が保障されないと，「第5の福祉レジーム」を基幹とするこの福祉レジームも構築できないし，本当の意味での人間のための社会，実現可能な社会，「福祉国家」は近い将来には実現できないともいえることである。

*）本講は『現代社会学の射程』（日本評論社　2012）の「少子高齢化社会と介護問題」に加筆したものである。

注
1) 内閣府編『平成25年版　高齢社会白書（概要）』2012.
2) D.リースマンについては,
D.リースマン，佐々木徹郎他訳『孤独なる群衆』みすず書房．1955.
加藤秀俊訳『何のための豊かさ』みすず書房．1968．などがある。
3) R.ベネディクトについては,
R.ベネディクト，長谷川松治訳『定訳　菊と刀』社会思想社．1972．が参考になる。
4) 厚生労働省編『平成24年版　厚生労働白書』2013．森武麿他『現代日本経済史　新版』有斐閣．2002．山田昌弘『少子社会日本』岩波書店．2007．阿藤誠『現代人口学』日本評論社．2002．伊藤修『日本の経済』中央公論新社．2007．などを参照。
5) 同上書　内閣府編『平成25年版　高齢社会白書（概要）』2013．国立社会保障・人口問題研究所編『日本の将来推計人口　平成18年12月推計』2007．などを参照。
6) 小川鼎三『医学の歴史』中央公論．1977．中山研一『脳死・臓器移植と法』成文堂．1989．星野一正『医療の倫理』岩波書店．1991．菅谷章編『現代の医療問題』有斐閣．1982．檜学／島久洋『医学概論』朝倉書店．1990．などを参照。
7) 内閣府編『平成25年版　高齢社会白書（概要）』2012．鬼頭宏監修『少子高齢社会(世界と日本の人口問題)』文研出版．2013．坂田期雄『超高齢社会』丸善出版．2011．金貞任『高齢社会と家族介護の変容』法政大学．2008．原康博『高齢社会と医療・福祉政策』東京大学．2005．京極・武川共編『高齢社会の福祉サービス』東京大学．2001．池田勝徳『21世紀高齢社会とボランティア活動』ミネルヴァ書房．2004などを参照。
8) 社会福祉や社会保障制度などについては,
北場勉『戦後社会保障の形成』中央法規出版．2013．塩野谷祐一『経済と倫理　福祉国家の哲学』東京大学出版会．2002．宮本太郎『日本の生活保

障とデモクラシー』有斐閣．2008．社会福祉の動向編集委員会『社会福祉の動向　2013』2013．孝橋正一『全訂　社会事業の基本問題』ミネルヴァ書房．1962．古川孝準順・庄司洋子・定藤丈弘『社会福祉論』有斐閣．1993．吉田久一『日本社会福祉理論史』勁草書房．1995．百瀬孝『日本福祉制度史』ミネルヴァ書房．1997．などを参照．

9) 個々具体的な調査名などを挙げることはしないが，内閣府の前掲の「高齢社会白書」や生命保険会社をはじめとしてさまざまな企業が実施している「社会意識調査」や「高齢者についての実態調査」といわれる報告書を参照すると，そこには記載したような高齢者の姿・実態を客観的に把握できることである．

10) 詳細は，「新福祉レジーム論の構築の可能性について」『創造的教育・福祉・人間研究』No.2．2013．73-86．を参照のこと．

11) イエスタ・エスピン＝アンゼルセンの福祉レジーム論の詳細は，
イエスタ・エスピン＝アンゼルセン，岡沢・宮本監訳，『福祉資本主義の三つの世界――比較福祉国家の理論と動態』ミネルヴァ書房．2001．渡辺雅男・渡辺景子訳『ポスト工業経済の社会的基礎――市場・福祉国家・家族の政治経済学』桜井書店．2000．埋橋孝文監訳『転換期の福祉国家――グローバル経済下の適応戦略』早稲田大学出版部．2003．伍賀他共訳『労働市場の規制緩和を検証する――欧州8カ国の現状と課題』青木書店．2004．などがある．

12) 互恵的なボランティア制度（Reciprocal Volunteer System）の法制化については，拙著『21世紀高齢社会とボランティア活動』ミネルヴァ書房．2004．や『桜文論叢』「21世紀の介護・ケア意識について」第56巻，291-305．に記載している他，『読売新聞』1990.11.21，『毎日新聞』1990.4.19にも概要を記載しているので参照のこと．

第 2 講
21 世紀社会における芸術社会学の課題
―――実証的なデータを手掛かりに―――

日本のように少子高齢化が進展している先進諸国では，加齢のほか肉体的，精神的な理由などによって介護などの福祉ニーズをもつ人々が増加している。しかもそうした状況は，知的経済競争の激化のなかで今後とも医学・医療の発展や食糧事情，人々の健康志向などに支えられて，平均寿命の延びは継続的に進行していくものの，人々の少子化の意識は変わらないと思われることから，一層問題が深刻化していくものと思われる。

　こうした現状を本講考察の基礎に置くとき，2007年には人口減少へと転じているわが国では，そのライフサイクル，ライフスタイルも当然のことながら，特に高度経済成長後の高齢化一辺倒のライフサイクル，ライフスタイルとは違って，急激なIT化などの高度な理科学的，技術的な側面に加えて，高度な先端の医学的・科学的な影響を強く受けたものへと変化することは不可避といってよい。この講ではそうして著しく変化する社会状況のなかで，特に介護などの福祉ニーズ・問題に焦点を当て，その背景を簡単に振り返りながらこの問題の解決，止揚に向けての可能性・方向性を，実証的なデータを踏まえて芸術社会学の視点から模索・整理する。

第1節　少子高齢化社会のライフサイクル・ライフスタイルの変化

　第1講にみるように日本が少子化の方向に大きく舵を切るのは，敗戦後の，特に朝鮮戦争後の経済復興（1952年ころから）からその後の高度成長期にかけてであり，具体的には人口増や平均寿命の進展にとって基本的・根源的な要件である食糧事情が大きく改善されたこと，そしてその他方で1960年代以降の，急激な医学・医療の発達や人々の衛生知識や健康維持志向などに

よって，平均寿命が一気に押し上げられたことによる。そしてこうした状況下での高度経済成長は，急激な知的経済競争へと社会を変化させ，人々の子ども観を大きく少数精鋭主義へと変え，人口構造上に大きな変化を引き起こし，人々のライフサイクルやライフステージで期待される役割や課題なども大きく変化させることになった。もちろんその変化による結果が，旧来の人生60歳代の，E.H.エリクソン[1]に代表されるライフサイクルでの期待・役割と違ったものであるとはいっても，それはそれまで人々に期待された価値や行動様式などを，その根底に置いたものであることはいうまでもない。いずれにせよ人々はこの社会化といわれる行為によって[2]，今日，大きく次の3段階で把握できるライフステージにおいて，期待されている課題・内容を内面化してスムーズに社会生活に対応できるように，自己のライフスタイルを構築してきているわけである。このことから理解されるように，社会化というこの行為は時代を問わずどの年代，どの世代にとっても必要不可欠の基礎的な行為であるというだけではないということである。そして21世紀のそれは，人生80歳代の，IT化や高度な医・科学的な影響を受けた，新しいライフスタイルとして構築された，概ね30歳ごとの，次の3段階のライフスパンで特徴的に把握することができる。

①第1段階のそれは誕生から乳・幼児期，学童期，就学期を経て，就職して結婚し家族をもつまでの30歳ころまでで，そこでは各人が人間として社会生活をおくる上で必要な，言語や生活様式などの基礎的な事柄や文化を身につけ，主体性を確立しながら学業や就職，結婚など，自己の目的・意図のもとに生活基盤を獲得していく過程での課題が，その期のライフステージでの社会化に期待され，それを踏まえたライフスタイルを人々は構築すること

になる。そして②第２段階目のライフステージは職業的社会化の時期ともいわれ，退職を迎える60歳ころまでの職業を基盤・前提にして，自己および家族の生活を発展・充実させていく時期における内容・課題が中心となる。特にその期の前半の社会化に期待される課題は，子どもとのかかわりを主体とするもので，子どもらの養育・成長を踏まえ，家族生活の充実を視野に置いた社会化が実践されることとなる。ところでその後半は，子どもが就学期を終えて就職先や結婚相手を探して独立していくにつれて，子どもへのかかわりを減じさせながら，退職までの夫婦の充実した生活をおくるためのライフスタイルの構築が主な社会化の課題となる。しかし最近は核家族化しているとはいっても，形態的，実質的に，また直接的，間接的であるかは別にして，両親の介護などの課題もこの期の重要な社会化には期待される。③そして最後の３段階目のライフサイクル期は，一般に退職から死までの第二の人生期ともいわれ，夫婦を中心とした新たなライフスタイルの形成に沿った課題が，この期の社会化には期待され，それを前提としたライフスタイルを人々は構築することになる。もっとも75歳ころまでの前期高齢期は社会参加・社会還元期ともいわれるように，社会とのかかわりを視野に入れた内容・課題も社会化の課題に含まれることが決して少なくない。しかし，次第にこれまでを振り返り，死に向けてどう自己を終えるかといった，やがて来る死を意識した内容・課題を踏まえて，自己のライフスタイルを構築していくことになる。

　以上簡単にライフサイクルを３期に分け，誕生から死までの予想される21世紀のライフスタイルを振り返りながら，それぞれのライフステージの社会化に期待される一般的な内容・課題を整理した。しかしこれらの記述か

ら明らかなように，今，コミュニケーション活動や出産を例に，社会化で期待されるその課題をみてみると，これまでの手紙や電話を主体にしたものからインターネットを中心とするコミュニケーションに変化している。そしてまた，家庭内出産を前提としたそれまでの内容・課題から，高度な先端医学・医療技術を備えた病院での出産形態に変わった現在は，それら新たな状況を踏まえた出産や育児スタイルが，そこで人々に期待された社会化の課題・内容となり，それを前提としたライフスタイルが要求されている。このことから明らかなように，人々は日常の社会生活をスムーズに行うために，それらの期待された役割や課題をこの社会化によって身につけ内面化して，自らのライフスタイルを構築したり変革して，スムーズな社会生活を行っていることが理解できる。こうした「社会と人間およびそのライフスタイルの構築」などについての基本的な理解に大きな手掛かりを与えてくれるのが，後述するマルクスやジャネット・ウルフらの理解である。特にジャネット・ウルフは，マルクスの『資本論』（第1巻）の「ミツバチと建築家をたとえた有名な議論」を例に，人々を社会構造の文脈に位置づけ，人びとが意識的に自然や環境を変え，そこで期待されるライフスタイルを構築する能力と可能性をもっていることを詳細に説明している[3]。

第2節　調査結果からみるデザインの重要性

こうした基本的なライフサイクルや社会化についての認識・理解をもとに，ジャネット・ウルフらのいう社会的産物であるさまざまな製品・機器のデザインが，どのように介護機器などの購買意欲に影響を与え，人々の生活のライフスタイルに取り入れられていくかなどについて，表1にみるような対象に対して，学生の協力を得て標記の期間・方法で調査を実施した。本講ではその調査結果と筆者が協力者として参加した文部科学省の科学研究費などによる先行研究などの結果を，この問題の考察に必要な限りで参考資料という形で用いて考察することにする[4]。

表2は，後述するように介護問題などの問題の解決，止揚を模索するとき，その問題解決，止揚の現実的な可能性をもつのが，ジャネット・ウルフのい

表1　調査対象の性別と年齢

性別	年齢	①～30歳	②31～60歳	③61歳～	④NA	計
男　性	N %	136 20.5	134 20.2	61 9.2	0 1.0	331 49.8
女　性	N %	108 16.3	156 23.5	69 10.4	0 0.0	333 50.2
合　計	664 %	244 36.7	290 43.7	130 19.6	0 0.0	664 100.0

調査期間：平成25年4～6月　　調査方法：配票留置法
調査対象：18歳以上の男女　　有効サンプル：664サンプル　　回収率：94.9％（700サンプル）

うように高齢者をはじめとする人々である。それらの人々が介護支援（Assistive Technology = AT）機器などを購入する際にどういった点に注意して購入しているのか，またそれらの形態・デザインが，その際にどの程度の影響を与えているのかなどを詳細に把握することは，この問題考察の重要な前提事項である。そうした認識・視点に立って，表1のような対象に「製品の購入の際に，形態・デザインを重視して購入しているかどうか」を聞いたものである。「重きを置かない」という人は664名中わずか30名の4.5%で，「どちらかというと重きを置かない」という人を入れても75名の11.3%にすぎず，形態・デザインを重視して製品を購入していることが実証的に把握し

表2 「物品購入時にデザイン（見た目の形状）に重きを置きますか」

	①重きを置く	②どちらかというと置く	③どちらともいえない	④どちらかというと置かない	⑤重きを置かない	総計
① ～30歳	70 28.7	137 56.1	25 10.2	9 3.7	3 1.2	244 100%
② 31～45歳	34 28.1	54 44.6	23 19.0	6 5.0	4 3.3	121 100.0
(②+③合計)	61 21.0	135 46.6	67 23.1	17 5.9	10 3.4	290 100.0
③ 46～60歳	27 16.0	81 47.9	44 26.0	11 6.5	6 3.6	169 100.0
④ 61歳～	23 17.7	37 28.5	34 26.2	19 14.6	17 13.1	130 100.0
総計	154 23.2	309 46.5	126 19.0	45 6.8	30 4.5	664 100%

相関係数：0.297　　カイ二乗検定（p値）：3.95E-13

える。しかもこれらはこの調査の作業仮説として立てた帰無仮説を否定して，年齢が低い人ほど「重きを置かない」という人の割合は低く，どの年齢層においても介護支援（AT）機器などを購入する際には，その形状・デザインを「重視している」ことが明確に析出されている。しかし念のため，さらに相関関係を取って検証した結果が表の下段に記載している数値で，その相関係数は0.297，カイ二乗検定値（p値）は3.95E-13と0.05よりも小さく析出されたことから，年齢と物品購入時のデザインには，相関関係があることが客観的な数値でもって証明もされた。

そして表3は，さらにそれら形状・デザインがどの程度，物品の購入時の購買意識を左右しているかについてとったクロス集計である。これをみて明らかなように，男女ともその影響が10％程度と「影響は少ない」という人は，9.7％，6.3％とわずか1割以下というだけではない。全体として41.9％もの人が「80％以上の影響を受ける」と強い影響を認めているという事実を把握できる。が，さらに性を考慮して詳細にみると男性が35.0％なのに対

表3 「購入意思へのデザインの影響について」

性別	影響	① 80％以上で	② 30～40％で	③ 10％程度で	④ その他NA
男 性	N	116	183	32	0
	％	35.0	55.3	9.7	0.0
女 性	N	162	150	21	0
	％	48.7	45.0	6.3	0.0
計	N	278	333	53	0
	％	41.9	50.1	8.0	0.0

して，女性はそれより多い48.7％と，女性が男性よりも物品を購入する際に「見た目の形状（デザイン）」を重視しているということがみてとれる。そしてまたこれとの関連で，ここでは表にこそしないものの，次のような「製品の開発・創造」といった別の角度・視点からも調査したところ，表2および表3を裏づけるように，製品の開発・製作にとって見た目の形状（デザイン）が「重要でない」とする者はわずか41名の6.2％にすぎなかった。またこの調査においては，こうした「製品の製作・開発や製品を購入」する際に影響を与えている形状（デザイン）とともに，「製品の製作・開発にとって重要な要素と思うのは何であると思いますか？」といった質問も同時に行っている。その結果を要約すると，「価格」に加えて「安全性」や「使い勝手」「だれでも使える」などといった回答がそこから得られた。が，これらの結果は，さまざまな機関が行っているそれらの調査結果などとも何ら矛盾することはなく，今回のこれらの結果を裏づける内容となっていることを，ここで特記しておきたいと思う[5]。

　その他には，「シンプルで使いやすい機器」と「高度な機能をもつ機器」のいずれの機器を人々は求めているのかや，人々がそれらの機器のもつ機能をどの程度使用・活用しているのか，またあるべき企業の開発の方向とはどういった内容のものであるかもこの調査で行っている。こうした質問の裏には，昨今，どの企業もが，あたかも「金科玉条」の如く使命としているのが「高度な機能をもつ機器の開発」である。しかし，はたしてその方向を今後も突き進むことが，人々の求めている製品の真の創造・開発の途であり，またそれは開発者の思いと矛盾することはないのだろうか。単に企業が生き残るための，利潤追求に視点をおいた途に過ぎず，人々の可能性や潜在能力を

本当の意味で生かし，人間性の開花を約束し保障する途であり，また製作者らの思いを生かす方向といえるのだろうかといった疑問が少なくなかったことである。

　そうした思いをもって調査し集計したのが，以下の表4などで，いろいろな機能をもった携帯電話や介護支援（AT）機器などが販売されていますが，あなたは価格を別にして，「シンプルで使いやすい製品の方か，それとも先端の高度な機能をもった製品」のどちらの機器を購入しようと思いますかといった内容で質問した。そしてこの質問・調査の作業仮説として，上述のように多くの企業が使命としている「高度な機能をもつ機器の開発」が，「製品の機能の活用度」や「製品・機器の購入」，また「年齢」やその機器の「活用と購入」と無関係であり，結果的にこの「人間性の開花を否定したり，それと矛盾するものではない」といった認識を，その根底に置いて調査して集計し，その結果に詳細な分析を加えて検証することにした。

　表4に示すように，73.9％もの人が「シンプルで使いやすい機種」を購入しようと考えているというだけではなく，年齢が高くなるにつれて「シンプルで使いやすい機器」の購入を求めている実態を，はっきりと読み取ることができる。

　そしてさらに性を考慮して詳細にこの点を分析・検討してみると，「シンプルで使いやすい製品を購入する」とした女性が，75.2％であったのに対して男性は67.9％と，若干女性の方に高い数値が析出された。もっとも女性の方にこうして男性より高い数値が析出されるだろうことは，ある意味で当初から予想した結果であり，これ自体は問題ではない。ここで問題と思えるのは，今回の調査対象となった30歳以下の回答者が全体の36.7％と，他の年

表4　シンプルで使いやすい機種と高度な機能をもつ機種のどちらを購入しますか

	① シンプルで使いやすい機種	② 高度な機能をもつ機種	③ NA．その他	合　計
①　〜30歳	135 55.3	109 44.7	0 0.0	244 100.0
② 31〜45歳	96 79.3	25 20.7	0 0.0	121 100.0
③ 46〜60歳	142 84.0	26 15.4	1 0.6	169 100.0
④ 61歳〜	118 90.8	12 9.2	0 0.0	130 100.0
合　　計	491 73.9	172 25.9	1 0.2	664 100.0

相関係数：−0.319　　カイ二乗検定（p値）：4.03E-16

齢層に比べて多かったなかでその作業仮説が否定され，かつ相関係数が−0.319，カイ二乗検定値（p値）は4.03E-16と小さく析出されて，「製品の購入と年齢」とに強い負の相関が客観的に検証されたという点で，この点は留意する必要があるうえに，次のような重要な結果もそれらから得られたことである。

　それは単に「製品の購入と機能の活用」についての作業仮説を否定して，男性の方が，そしてまた若い層ほど「製品の機能の高い活用者」の割合が多くなることも，ある意味予想していた結果ではあった。が，それが想定以上に高い数値，結果であったという点である。具体的には「機能の80％以上を利用」している人は，年齢や性別に関係なく10％程度にすぎず，全体としては「製品の機能の30〜40％の使用」というのが過半数であったという

ことに加えて,ここでは表にしないが,機能のわずか「10%程度の使用」という,驚くべき「機能の活用」の実態が導き出された点である。そこで念のために相関係数を析出して詳細に検討したところ,その相関係数は0.369,カイ二乗検定値（p値）は1.01E-20と0.05よりも極めて小さく析出されたことから,「年齢と製品の機能の活用度」には強い相関関係のあることが数値でも導き出され,その疑念が客観的に証明されたことである。

こうした事実を踏まえて,さらに「製品の機能の活用度と製品の購入」について詳細に検討したのが,表5のクロス集計である。

この「製品の購入」と「機能の活用」の関係においても,「高度な機能をもつ製品の購入」を希望する人は,その製品の「機能の使用」という点でも活用・使用度の高いことが,逆に「製品の機能は低くてもよい」という人は,その機能の使用・活用の低いことが明確に読み取れるというだけではない。「高度な機能をもつ製品の購入」を希望する人でも,機器の「機能の活用」

表5 製品購入と機能の活用

購入＼活用	① 80%以上使用	② 30〜40%	③ 10%程度	④ NA, その他	⑤ 全体
①高度な機能をもつもの	61 39.4	76 44.7	27 15.9	0 0.0	164 24.7
②機能は低くてもよく安価なもの	47 9.5	264 53.3	181 36.6	3 0.6	495 74.5
③NA その他	1	3	1	0	5 0.8
全体	176 26.5	419 63.1	63 9.5	6 0.9	664 100.0

相関係数：0.307　　カイ二乗検定（p値）：7.05E-17

という点においてみた場合,「機能は低くてもよい」という人との間にそう大きな違いはみられず,ともに「機能の30〜40%」の使用というのが全体的な使用の実態であった点は特に留意すべきである。その事実を具体的な数値で示すと,高度な機能をもつ製品・機種の購入を希望した170名の39.4%は「機能の80%以上」を使用しており,逆に「機能の低い機種」を購入するとした人は9.5%しか「機能の80%以上の使用」をしておらず,「機能の30〜40%の使用ないしそれ以下の使用」というのが全体としての機器の使用の実態となっているが,下段の客観的な相関係数およびカイ二乗検定値でもってもそれらが証明されてもいることである。

　こうした一連の調査結果を念頭において改めてこの問題を考えてみるとき,「高度な機能をもった製品」は,それらの高度,先端の機能を搭載するために「止むをえない」こととはいえ,どうしても「基本的な機能の製品」よりも価格の点で「高い製品」になってしまうことは否定できない。しかし,ではそうした高度な機能を十分に活用しているかというと,みたように機能のわずかしか使用していない。それにも拘らず,人々は使用することのない,というか使用ができかねる高度,先端の機能を搭載した「高い製品」を購入しているというか,購入するように仕向けられているとさえいえなくはないといった,どうしてもぬぐえない思いである。もちろんこのことをして高度,先端の製品の開発の重要性を決して否定するものでもなければ,グローバル化した世界経済市場で,各企業がその競争に生き残るために企業理念として「高度,先端の機器の開発・創造」を念頭に置くことは,必要不可欠の命題であるとさえ思い感じてもいる。私がここでいいたいことは,無反省にこれまで通り「高度,先端の機器の開発」を企業理念としてさえいればそれでい

いのか，そしてこのまま「高度，先端の機器の開発」の方向・途を突き進むことが，人々の求めている機器の，製品の真の創造・開発の道であり，それが人々の可能性を本当の意味で生かし，人間性の開花を保障する途であり製品といえるのだろうか。またそれが，製品の開発・創造に込められた使用者や開発者らの思いであり，こうして購入意欲などに大きな影響を与えているデザインの使命といえるのかなど，今後一層深刻な高齢化が予想されるだけに，将来の，企業にとってあるべき製品の開発やデザインについて考えてみる必要があるのではないかということである。もちろんその真の解決の途が，またそれがどのような姿をとるのかなどは簡単にはみえてこないにしても，これらはこうした疑念や企業理念を問いかけた，貴重なデータとして真摯に受け取る必要があるように思うのである。

　次にこのデザインと直接関わる問題ではないが，その基礎，根底において介護問題の止揚といった点で重要に関わる，調査結果について整理する。

　表6は，「AT技術など技術の発展は，人間の能力をより生かす社会になると思いますか」といった質問結果を示すものである。もちろんこれらの質問の背後には，介護ロボットなどさまざまな高度な，精巧な介護支援（AT）機器が目覚ましい勢いで開発されているが，はたしてそれらの機器が少子化の進む，深刻な高齢社会の問題解決の有効な機器になると考えているのかなどを把握することは，この問題の解決・止揚にとって必要不可欠の重要な要件であるとの考えからである。そして表7は，そうした意図・理解の下に実施した「介護支援（AT）機器と高齢者との連携」についてと，「高齢者と介護ロボットとの連携による介護形態が一般化すると思うか」についてのクロス集計である。

表6　ATなどの技術の発展は，人間の能力をより生かす社会になると思いますか

	① 生かせる	② そうは思わない	③ どちらともいえない	④ NA，その他
①男性	117	102	112	0
％	17.6	15.4	16.9	
②女性	79	117	137	0
％	11.9	17.6	20.6	
合　計	196	219	249	0
％	29.5	33.0	37.5	

　まずこの表6の大きな特徴として，性別・年齢（年齢は記載していないが）に関係なく大きく意見が3分割され，かつ「どちらともいえない」という数値が，その3分割のなかでも最も高かった点をしっかりと銘記する必要がある。そして表7のクロス集計においては，介護支援機器との連携は介護人不足などの解決にとって「有効ではない」とする回答者が，16.0％と少なかったことを，重要な特徴として把握する必要があることをまず指摘し，次にこれらを踏まえて幾つかの問題点をみてみたいと思う。

　改めていうほどのことではないとも思われるが，日本の場合，「介護」の実態を身近に体験したりその役割を担ってきた，また担っているのは女性である。こうした状況の下でこの問題を理解する女性と違って，「男性や学生」などはどうしても「介護」を抽象的にしか把握しえていないことは否めない。恐らくそのために女性と「男性や若い学生」らとの間に，表に見るような違いを生み出したと考えられるために，文部科学省の科学研究費による先行研究などを踏まえて，今少し詳細に検討してみることにする[6]。

　ここでその結果を表にすることはしないが，「あくまで人による介護」が

表7 (1) 介護支援機器との連携で介護人不足などは解決できると思いますか
　　 (2) 高齢者と介護ロボットとの連携による介護形態は一般化すると思いますか

(1) ＼ (2)	① 受け入れられると思う	② どちらともいえない	③ 受け入れられないと思う	合計
①有効な方法と思う	151	54	7	212（38.9）
②どちらともいえない	85	147	14	246（45.1）
③有効な方法とはいえない	32	28	27	87（16.0）
合計	268（49.1）	229（42.0）	48（0.9）	545（100.0）

相関関係　0.348

望ましいという人は2割程で，過半数の人が「高齢者と介護支援機器の連携」を望ましいと回答するとともに，全体の約半数の49.1%もの人が，この「高齢者と介護ロボットとの連携による介護形態」は一般化すると回答していた。しかし，「介護ロボットなどの機器のみによる介護」を望ましい介護形態という人は，男性が女性より若干多いものの，その「介護ロボットなどの機器のみによる介護」を望ましいとした人もまた少なかった。こうした傾向は今から5年ほど前の2007年に，やはり学生の協力を得て実施した表8においてもみられる。そこでは「自分の家族や子ども」による介護を希望する人が2割余りいるものの，「すべて機器でもいい」という人も8.1%と1割以下にすぎず，「人の手と介護機器との連携」が望ましいという人が4割以上であった。それが今回の調査では，表9に示すように「高齢者など人の手と介護機器との連携」と若干選択肢は異なるが，その介護形態を希望すると

表8 どなたの介護を希望されますか

形態 総計 (％)	① 自分の子どもや 家族を希望	② 人の手	③ 人の手と 介護機器との連携	④ すべて介護機 器でもよい	⑤ その他，N.A.
545 (100.0)	120 (22.0)	144 (26.4)	227 (41.7)	44 (8.1)	10 (1.8)

表9 どの形態の介護を希望しますか

介護 形態 性別	① 外国人労働 者でも	② 介護ロボッ トなどの機 器で	③ 高齢者と機 器の連携に よる	④ いずれでも よい	⑤ N.A.	合計
①男 性	74 (11.1)	64 (9.6)	152 (22.9)	39 (5.9)	2 (0.3)	331 (49.8)
②女 性	66 (9.9)	43 (6.5)	192 (28.9)	30 (4.5)	2 (0.3)	333 (50.2)
合 計	140 (21.1)	107 (16.1)	344 (51.8)	69 (10.4)	4 (0.6)	664 (100.0)

( ) 内は％

いう人が5割以上と，その割合も10％ほど増加する形で導き出されている。

たしかに表9の質問は，①外国人労働者による介護でも，②介護ロボットなどの機器による介護で，③高齢者と介護支援ロボットとの連携による介護，④いずれでもよい，といった4つの介護形態についての選択肢を与え，そのなかから「介護形態」を選択するという形式であったし，「子どもや家族」の選択肢もなければ，「人の手」や「外国人労働者」など選択肢や質問に違いのあるのは事実である。しかしそれらの結果が，アメリカ，中国などで協力者として参加した先行研究の調査と類似の傾向がみられるうえに，41.7％から51.8％に増加したというのは，それらの調査対象者の心・思いの根底にあるのは「高齢者でも，外国人労働者でもよい」が，「ものや事物」として

ではなく,「人」として扱い介護してほしいといった,「奥底に共通にある思い」で回答したとみるのが妥当な解釈と思う。いずれにせよこれらから明らかなことは,「高齢者と介護支援ロボットとの連携」に,人々が大きな期待を寄せているという事実を,いずれの調査からも共通して確認することができるということ。そして今以上に介護支援（AT）機器は高度な,使いやすいものになるということは間違いのない事実といえることから,そこにこの問題の解決・止揚の可能性を認めることができるという点である。しかしそこにこの問題の解決・止揚の可能性は認められるとはいっても,それはあくまでも可能性であって,それを現実のものとするには「先端の高度な機能をもった機器」の開発,創造も重要ではあるが,今回の調査結果にみるように人々は「高度な機能の機器よりもシンプルで,使いやすい機種・機器」の開発を望んでいること。そして「家族や子ども」とはいわないものの,「事物」のようにではなく「人」として扱い介護してほしいという強い思い・願いのあることを。そしてまた機器や購入意識に,デザインが大きな影響を与えていることなどを客観的,科学的に把握することが,この問題解決の前提となることはいうまでもないことである。その把握を前提にして人々の心の奥底にある,この「人」としての介護をしてほしいとの「人々の根底に共通にある願い」を,その思いに沿った介護のためにはどのように実践していけばいいのか,常に真剣に向き合っていく必要があるということを,これらのデータから改めて認識させられることである。

第3節　芸術および人間社会についての理解

　上記の客観的なデータの解釈を踏まえて，ここでジャネット・ウルフなどの芸術社会学を手掛かりに，それら機器のデザイン・形状と人間・社会の関係について整理することにする。

　これまでこうした人間の創造した介護機器などさまざまな創造物・文化についての問題は，T.パーソンズの理論[7]においては cultural system および expressive symbolism との関連で扱われるなど，人間と社会，文化とのかかわりで哲学的，抽象的に研究されてきてはいるものの，こうした客観的なデータを踏まえての考察は少ない。

　貫伝松は「芸術と社会とは相関的な関係を有っている。芸術は人間と人間とを結びつけるための一つの手段であり，これによって社会生活や人間意識はますます高められるから……その効力という点においても非常に社会性的なものである」と述べている[8]。そして「文化は人間の社会生活によって，産出されたもの，あるいは沈殿物であるに過ぎないが……それは現実的存在である。人間はその生活の残屑あるいはその『遺産としての文化』のうちに生れ，成長し，またそれによって，そのあらゆる社会行動を規定されると同時に，これに新たなる文化を創造，附加し，これを次の時代に残す」[9]といっている。また倉橋重史，大塚晴郎らが『芸術社会学序説』で，「芸術社会学は，前者の芸術から発信した社会学についての問いと，後者の社会学から発信した芸術に関する問いが交差する点に立地する」[10]と述べていることから容易に理解しうるように，この学問の研究領域と視点については，この

ために彼らがいうようになお混沌とした部分が少なくないといえる。現に山岸健もこうした点を踏まえて,「芸術社会学概観」において,「芸術社会学の研究は, 社会学の研究領域のなかで比較的開拓の進んでいない分野で……いまなお出発点に立っているといえるだろう。諸外国においては, 近年にいたり, 芸術社会学の研究業績が次第に集積されるにいたったが, それでもこの方面の研究の進展は, 今後にまつところが多い」と, 芸術社会学の現状についてこのように整理している[11]。その他にこうした「芸術と社会・人間」について重要な手掛かりを与えるのが先程のジャネット・ウルフである。ジャネット・ウルフは, 原著名の『芸術の社会的生産 (The Social Production of Art)』(1993, 2nd edition) のほかに, Aesthetics and the Sociology of Art, Feminine Sentences : Essays on Women and Culture などを書いている。彼はこれらの著作で「物質的環境の変革に関する創造的な実践活動が, 人間と動物を区別する大きな特徴の一つ」だとして, 既述のように『資本論』(第1巻) の「ミツバチと建築家をたとえた有名な議論」をあげてマルクスの理解を紹介している。そして疎外されていない状況下では, 人々は自然や環境を変えるために意識的に抽象的思考と想像力を用いて活動する能力と可能性をもっていると述べ, 人々を「文化生産者」として社会構造の文脈に位置づけ, これまでのデザイナーをはじめ神秘的創造者としての芸術家に対する一般的な理解を批判する。それというのは「芸術は社会的産物であり……ここでは存在や社会, 時間を超えた『天才』の創造物というロマン的かつ神秘的な芸術概念に対立する立場をとり, むしろ芸術は多くの現実的・歴史的要素の複合体である」からと[12]把握し説明している。こうした理解はF.テンニースの記述にもみられ,「人間の創造・造形・活動は, すべて一種

の芸術であり，いわばその素材に形体を与え，その素材に人間の意志を満ちあふれるほど注入する有機的活動である」と，人間活動の本質についてこのように述べている[13]。

　こうしたジャネット・ウルフをはじめとして，彼らのいう「人間の意志を注入した」活動や「社会的産物」としての芸術と社会・人間についての理解・関係を，別の言葉で表現するなら，人間の基礎的・根源的な，有機的な行為を，社会構造のなかで正しく位置づけて把握し，その結果としての社会的産物である芸術を他の諸科学と同様に，多くの現実的，社会的，歴史的要素の複合体であるとの基本的な視点に立って，この社会的産物と人間や社会との関係，芸術をはじめ文化の関係について科学的に研究していく必要性，重要性を的確に示唆しているということができる。しかし，貫伝松がいうように「人間は自然を超越することはできない。……しかしながら自然を理解することによって，人間は自分の運命を大いに改善することができる」[14]。なぜなら「私たちの全行為は社会構造のなかにあり，それゆえ社会構造によって影響を受ける。自由な行為者であろうとして，社会構造から離れ，社会構造の外で行動しようとしても，できない相談で……構造や制度が存在することで私たちの活動が可能となる」からである[15]。

　もしこの事実を否定するいかなる「創造や行為」もそれは形而上学的であり，支持されることはないからである。が，支持されるためにはこうした理解の背後にある，行為者の置かれている背景や動機づけなどを考慮し，それが何を意味するのかということを考え，人間にとってどのような意味をもっているのかということを客観的，科学的に問う必要がある。そして人間の行為が自由で創造的であるというのであるのなら，その特質は社会的（および

他の）決定要素から離れて成立するはずはなく，普遍的なものだからである。人間は自己の有機的なこの行為によって社会を，そして自らのライフスタイルを構築してきたし，今後もさまざまな社会状況を客観的に把握し，社会化といわれる有機的なこの行為によって，自己自身の内面の文化を含めて自らを変革してきたし，また変革していくからである。しかしそれは歴史的に置かれた行為者としてそうするのであって，自ら選んだ状況によるからではない。それは人間が複雑な社会構造のなかに位置づけられているからであり，行動の選択を提供することによって，人間的な実践が可能になるからである。だからこそ「構造と行為」の理論には行為者ないし主体の理論が必要であって，その行為者ないし主体の実践の場は，客観的・分析的に考察される必要があるということにもなる。しかもこうした理解は，さまざまな人間による異なる生産と社会的な位置にもかかわらず，他の実践や創造と同じように，すべての行為や実践についてもいえることである。したがって「社会的産物である芸術と労働の間の類似性は，人間の本質に対する共通の関係のうちにあり，両者はともに創造的活動であり，その創造的活動によって人は自己を表現し，自己を代弁し，自己について語る事物を作り出す。それゆえ，芸術と労働との間に根本的な対立」はない[16]ということができるのである。

　以上のことから，人間は自己のあらゆる行為や実践がどのような構造的要素や条件などの下に，どのような形態をとって引き起こされているのかなどを詳細に検討して，高齢者や障害者に限らずすべての人のために，それら文化的創造物としての介護機器などあらゆる創造物（文化）を把握し，社会化を介してそれらを取り込み，ふさわしいライフスタイルを新たに構築する必要があるし，また構築することが可能ということにもなる。それは他ならず，

上述のように社会構造の文脈に位置づけられる人間によってのみ，社会や文化はもとより自己のライフスタイルを創造することができ，またそのことによって社会生活に矛盾なく適応することができるわけである。またそうした理解・認識は，逆説的にいえば「文化は人間の有意味的な行為にかかわる世界であるとともに，有意味的行為の所産」であり，その結果として「人間のみが文化をもち，文化を創造する存在である」という基本的な認識・理解が可能になるといえるわけである。

第4節　問題解決・止揚の現実的な手掛かり

　わが国が高度経済成長期以前の，人生60歳代の，ある意味で子どもにしか夢を託せなかった厳しい，貧しい時代には，E. H. エリクソンらにみられるようなライフサイクルにたつライフスタイルが描かれてきたとしても，上述した人間の行為や労働，社会化についての説明などから，それを当然のこととして容易に理解できる。そうした理解を前提にするとき，21世紀に入ると介護問題に対する課題・内容1つを取り上げても，なぜ人生60歳代の，貧しい時代の介護方法や形態，人々の意識の下で構築されたライフスタイルとはさまざまな面において大きく変化するのか，また変化せざるをえないかなどがよく理解できることである。人々は21世紀の，人生80歳代の，高度IT化社会においては，それに適合的な内容・課題が要求され，人々は社会化によってそれを取り込んだライフスタイルに止揚・変化させ，またそれを当然のこととしていることが容易に理解できる。F. テンニースの言葉でいえば「その素材に形体を与え，人間の意志を注入する有機的活動」であるこの社会化という行為を，こうした理解を踏まえて社会とのかかわりで把握するとき，それを深刻化していく介護問題の現状を克服し，解決する途の現実的な，重要な行為として理解できるとともに，その現状・問題を客観的，科学的に把握し，主体的に実践していくことで，問題の解決の道筋も，次のようにみえてくることである。

　少子化と平均寿命の進展という両面から，若年層・若年者の比率がますます低下し，数の面と期間の面から高齢者および要介護者は相乗的に増加して

いく現状を直視するとき，質の面はもとより，それを支える人材不足は不可避的かつ恒常的となることは間違いない。しかしながらその他方では，私が参加した先行調査もさることながら，さまざまな調査機関の「高齢者についての意識調査」にみるように[17]，増加する高齢者はこれまでのような「ご隠居さん」といわれ，社会から隠れるようにひっそりと生活していこうといった存在などではない。特に「前期高齢者」といわれる人は，社会参加，貢献意欲を強くもった人たちであるにもかかわらず，一律に「年金生活者」などといった「負の要因」として扱ってきているが，そうした高齢者についての認識をその根底から見直す必要があるということである。もちろん程度差はあるものの，総じて強い社会参加意欲・貢献意欲をもった人といったこの理解に立って高齢者を捉えたとき，増加する高齢者は少子化して減少している若年層に代わる貴重な人材だということが理解できる。そしてまた眼前の社会では，少子化によって減る若年層を，その人的不足を補足・カバーするアシスティブ・テクノロジー（Assistive Technology = AT）機器が，それらとは無関係に加速度的，飛躍的に進展していることである。特に20世紀末から21世紀にかけて，IT化などの急激な進展によって，近い将来ユビキタス社会の訪れが現実的となっている。

　こうした大きな社会的な変化を前提にするとき，人々のライフスタイルも新しい21世紀の，人生80歳代のライフサイクルに立つライフスタイルの構築が求められており，人々もまたスムーズな日常生活ができるように，主体的にそれらの要求・課題を取り込んだライフスタイルを構築していくことは間違いない。しかしそうしたライフスタイルは，上述のように自然に構築されるものではなく，これらの問題と直面し対峙している人間の基礎的なこの

社会化といわれる,人間の意志を注入する有機的活動・実践を介してのみそれは可能だということである。こうした実践に向けて現実的な示唆を与えてくれるのが,ノースカロライナ州立大学のロナルド・メイス(1941-1998)が,1985年に提唱したバリアフリー概念の発展形であるユニバーサルデザイン(Universal Design)であり[18],イギリスのマンチェスターに生まれ,リーズ大学で文化社会学を数年教えた後,アメリカのロチェスター大学で教鞭をとることになった,先述のジャネット・ウルフなどの人間や社会についての理解である。そして,この社会構造の文脈に位置づけられる人間によってのみ社会や文化は創造され,ライフスタイルも構築,創造されるという認識・理解に立脚して,現状の諸問題を客観的,科学的に把握し,「人間性の開花」を志向する思想・哲学をその実践の根底において,AT機器はもとより施設・都市などの目に見えるものから,サービスやシステムなどの目に見えないものまで,多岐の領域にわたって科学的に把握し,実践していくことで,それは現実的な対象・課題となるのであって,それ以外には真の意味での人間のための社会は,永久に実現できないということでもある。

注

1) E. H. エリクソンについては,以下のような書籍が参考になる。
   E. H. エリクソン,西平直,中島由恵訳『アイデンティとライフサイクル』誠信書房.2011.小枇木訳『自我同一性』誠信書房.2013. J. M. エリクソン共著,村瀬孝雄,近藤邦夫訳『ライフサイクル その完結(増補版)』みすず書房.2001.など。

2) 社会化に関する理論としては,エミール・デュルケーム,ガブリエル・タルド,ジャン・ピアジェなどの代表的な理論がある。その内容については若干視点などが異なることもあり,詳細はそれらの書籍を参照されたいが,ここで大切なことは「社会化は遺伝によってなされる事項ではなく,後天的に獲得され伝承される事項」という点である。

3) 詳細は,ジャネット・ウルフ,笹川隆司訳『芸術社会学』玉川大学出版部.2003.の「マルクスの芸術理論」を参照のこと。

4) 文部科学省の科学研究費などによる調査結果の詳細は,池田勝徳 『21世紀高齢社会とボランティア活動』ミネルヴァ書房.2004.などを参照のこと。

5) 参考文献として,
   池田雅広他 「デザインによる購買意識と予想される介護意識」 51-65.『創造的教育=福祉=人間研究』 2012, 51-65
   杉浦康之 「消費者の購買意識の変化に関する考察」『NFIリサーチ・レビュー』2013.
   ジョン・S・ブーイット/タマラ・アドリン,秋本芳伸他訳 『ペルソナ戦略――マーケティング・製品開発・デザインを顧客志向にする』ダイヤモンド社.2007.
   DIAMONDOハーバード・ビジネス・レビュー編集部 『製品開発力と事業構想力』ダイヤモンド社.2007.
   三菱電機株式会社デザイン研究所編 『こんなデザインが使いやすさを生む』工業調査会.2001.
   などがある。

6) 詳細は前掲書『21世紀高齢社会とボランティア活動』ミネルヴァ書房．2004．を参照のこと．
7) T.パーソンズについては，以下のような書籍がある．
T.パーソンズ，新明正道監訳 『政治と社会構造』誠信書房．1974．武田良三監訳『社会構造とパーソナリティ』神泉社．1973．田野崎昭夫監訳 『社会体系と行為理論の展開』 誠信書房．1992．その他．
8) 貫伝松 『改訂 芸術社会学叙説』創研社．1971，5．
9) 同上書，308-9．
10) 倉橋重史，大塚晴郎著 『芸術社会学序説』晃洋書房．1997，7．
11) 山岸健 「芸術社会学概観」『哲学』第48集，71．
12) 前掲書 『芸術社会学』玉川大学出版部．2003，8．
13) F.テンニース，杉之原寿一訳 『ゲマインシャフトとゲゼルシャフト 上』岩波文庫，119．
14) 貫伝松 『改訂 芸術社会学叙説』 創研社．1971，359．
15) 前掲書 『芸術社会学』 玉川大学出版部．2003，20．
16) 同上書，29．
17) 高齢者の社会参加意識や介護意識については，内閣府の平成24年度版の『高齢社会白書』が参考になるほか，青森県や堺市などの自治体も調査しているし，生命保険会社各社も実施しているので，詳細はそれらを参照されたい．
18) 池田雅広「少子高齢社会の対応へのAT機器」『現代社会に潜む諸問題とその対応』八千代出版．2010，135-152．
池田雅広「少子高齢化社会におけるIT機器開発とユニバーサルデザイン」『岐阜市立女子短期大学研究紀要』第57号．2008，105-114

第3講
社会における情報の利活用に関する諸問題

第1節　ICT活用の現状

　現代社会では，生活のいたるところでICT（Information and Communication Technologies：情報通信技術）が利用されている。携帯電話やスマートフォン（多機能携帯電話）といったパーソナルツール，デジタルテレビやデジタルカメラなどのAV機器などの身近な道具から，IC定期券などの交通機関のシステム，電子マネーなど，さまざまな分野で利用される。また，生活に必要な情報の入手もインターネットを用いれば簡単に行うことができる。現在では，ICTの関与なしに生活することの方が難しくなっている。長らく安全性やサービスの公共性などの理由から，民間のサービスよりも遅れていた政府や自治体による行政サービスの情報化も進み，納税や各種行政手続きの一部もインターネット経由で行われるようになっている。住民基本台帳ネットワーク[1]の整備に始まり，選挙への電子投票の導入も一部で実施され，2013年の参議院選挙からは選挙活動でのインターネットの利用も解禁された。こうしたさまざまな変化のなかで，われわれの生活はどのように変化をしてきているのだろうか。

　そもそもこうした社会の到来は，アルビン・トフラーの『第三の波』[2]のなかでも予想されていたものであるが，ここまでの変化のきっかけになったのは何だろう。

　コンピュータの誕生[3]は20世紀半ばにさかのぼることになる。その後，1969年に大規模な分散型ネットワークとして開発がすすめられたサイネットは，インターネットと名前を変え20世紀末に爆発的な普及[4]を遂げた。

さらに，これらのサービスを身近なものに変えたのは，ブロードバンド（広帯域通信網）の普及[5]と携帯端末によるネット接続[6]の実現という段階を経て，非常に身近なサービスとして，インターネット接続が行われるようになった。現在では，インターネット上のさまざまなサービスが利用されている。近年の特徴的なサービスとしては，Web2.0[7]とよばれるものに代表される。特に，SNS（Social Networking Service）やWikiなどのサービスにより，ユーザの利便性や相互の交流は非常に進んだといえる。こうした環境の変化は場合によっては，生活スタイルそのものを変化させ，さまざまな潮流として軋轢を生んでいる場合がある。また，こうした技術の発展は，必ず技術が悪用され，しばしば社会問題ともなってしまう。本講では，こうしたICTに関連する社会での諸問題について考える。

第2節　ICT に関連する諸問題

1. 技術が生む諸問題

　ICT の発展による社会への影響としては，主に「情報化」と「通信の発展」が挙げられる。情報化は，膨大な情報を扱うことを容易にし，情報の利活用を活性化させた。生活面では，天気予報の精度の向上や災害の予測などの面で恩恵がある反面，少しの労力で膨大な情報を得ることができようになっているため，安易に利用してしまうという側面も生まれている。また，記憶の外部化や情報の利活用の度合による差が生まれるなどの問題も生じている。

　また，通信の発展に伴う変化としては，インターネット上の「匿名性」によるさまざまな弊害がある。インターネット上の匿名性は，マイノリティにとっては大きな助けとなる場合がある。社会においては，マイノリティは少なからず差別を受けてしまう場合があるが，匿名性はこのマイノリティに対する差別をなくす働きをもっている。これにより，発言の自由や交流の活発化を担保することが容易になっている。しかしながら，匿名性は個々人の責任意識を希薄化し，しばしば無責任な発言が生まれる温床となってしまうこともある。韓国では，こうした問題が大きな社会問題となり，インターネットの匿名性を制限する法律が制定されるに至っている。

　ここからは，いくつかの具体的な事例を紹介しながら，さまざまな問題について考えていく。

2. ネット悪用による諸犯罪

(1) 架空請求詐欺

　ICTの発展は，先にも述べたとおり，膨大な情報を容易に扱うことを可能とし，また安価で匿名性の高い遠方への通信手段を生み出した。こうした利便性を悪用した犯罪の代表が，ネット詐欺や架空請求であろう。架空請求は，インターネットが普及する以前からさまざまな方法で存在していた。寸借詐欺もその一種であろう。道端で突然「財布を落としたので，帰りの電車賃を貸してほしい」「小さい子どもがお腹を空かしているので，助けてほしい」など，情に訴える内容で少額の金銭を借り受ける詐欺などがこれにあたるが，近年ではすっかりこうした光景は見られなくなっている。これに代わり，消火器や布団を売りつける，住宅のリフォームをさせるなどの方法もあるが，「消防署の指導」や「法律で義務づけられている」など事実と違う情報，または故意に錯誤をさせることで契約をとる詐欺が登場しており，こちらは今日でも続いている。

　こうした詐欺や詐欺まがいの行為として，近年ネット上で増えているのが，架空請求詐欺である。インターネットの利用は，個人のプライバシーに関する情報が大量に行きかう状況を作り出した。こうした情報を悪意ある人間に利用されることにより行われるのが架空請求詐欺とよばれるものである。

　具体的には，ネットの利用料や情報提供料として，Webページの閲覧に伴う費用が発生したという内容で金銭の請求が行われる手口が多い。これは，PCによるインターネット利用者だけでなく，携帯電話やスマートフォンの利用者にも送られており，特に携帯電話の場合は個体識別番号[8]といった

情報を添えて請求をするケースもみられ，実社会での住所を知られているとの誤認識を生み出すことにより，請求に応えるよう仕向けている。架空請求詐欺自体はインターネットを利用せずとも可能な詐欺の手口であるが，特に電子メールなどで請求書を送りつける場合は，不特定多数への送付が容易に安価に行えるため，非常に多くの送信が行われていることが容易に推測できる。このため，被害の拡大につながっていると思われる。特に，少額の請求（数万円程度まで）を行うことで，事を大げさにせず，金銭で解決しようと判断するように仕組まれており，こうした被害を拡大させていると考えられる。最近では，特に携帯電話やスマートフォンの普及で，被害者が低年齢化しており，親に相談できない状況で青少年の幼い判断力を食い物にしている状況が垣間見える。

表1について，2010年から2011年にかけて一旦は被害が減少しているが，2012年ごろから被害額が増加している。これは，スマートフォンの普及による被害の拡大と推測される。

架空請求詐欺への対応は，原則として無視をすることであるといわれる。特に，インターネット上の架空請求詐欺の場合には，実際にはこちらの連絡先情報は把握さ

表1　架空請求詐欺の認知件数と被害総額（警察庁HPより）

年	認知件数	被害総額
平成19（2007）年	3,007件	約37億6,576万円
平成20（2008）年	3,253件	約35億8,712万円
平成21（2009）年	2,493件	約31億8,229万円
平成22（2010）年	1,774件	約17億5,207万円
平成23（2011）年	756件	約10億3,816万円
平成24（2012）年	1,177件	約30億1,049万円
平成25（2013）年7月末現在	742件	約27億3,601万円

れておらず，無視を続けることで，請求が行われなくなるというケースが多い。これは，不特定多数に対して請求書の送付を行っており，それぞれ個別のケースに関する追跡ができていないという実情もあるのであろうと推測できる。

　逆に，架空請求に対して，不服の申し立てや内容確認の問い合わせなどを行うことは，こちらの情報漏えいにつながり，執拗ないやがらせ行為につながる可能性や，個人情報売買によって複数業者からの波状攻撃を受ける結果にもつながりかねない行為である。先に挙げた携帯電話の個体識別番号やインターネット利用におけるIPアドレス[9]，MACアドレス[10]などは，情報通信を行う際に用いられる情報であり，これらの情報から個人情報につながることは，通常の情報収集能力では不可能[11]であり，こちらから不用意に情報を漏らさないように注意する必要がある。

(2) 出会い系サイトの問題

　インターネット利用の比較的初期から取り上げられていた社会問題が，出会い系サイトの問題であろう。現在のネット利用のなかで，高い割合を占めているのがソーシャルサイトの利用であろう。インターネットを利用することで，距離を超えたコミュニケーションが容易になり，また電話のように相手の時間を束縛しないという点から，ネットでのコミュニケーションは広く普及してきた。特に歓迎したのがマイノリティであろう。これまでのコミュニケーション手段では，同志を見つけるのが困難であったマイノリティにとって，全世界的に接続されさまざまなキーワードで共通点を見つけ出せるインターネットのコミュニティの効果は，非常に大きなものであったといえる。

しかしながら，初期のインターネットではこうしたコミュニティの運営においてもノウハウがないため，安全性の確保には問題があったといえる。つまり，インターネットの匿名性をうまくコントロールできなかったために，相手を騙すといった行為が散見され，これにより知り合った人同士のトラブルが頻発していたのである。こうしたトラブルが，殺人などの凶悪な犯罪につながるに至って大きな社会問題として取り上げられるようになった。しかし，これら犯罪の発生よりも，もっと多くの利用者にとって，インターネットのコミュニティの利用は，心の拠り所になっていたという事実は，あまり広く報道されていない。アメリカではインターネット上の匿名相談コミュニティを開設することで，多くの自殺を未然に防げたとの報告もある。また，同じくアメリカでは結婚するカップルの約3割がインターネットで出会っているとの報告もある。

　しかしながら，こうしたサイトの悪用で犯罪につながった例も数多く報道されている。結局は使う側次第であり，悪用する人間がいる限りは，利用者はその危険性を知った上で，十分に注意しながら利用する必要があるということである。

　出会い系サイトは，日常生活では出会いのない男女が出会うきっかけになるという趣旨で開設されたWebサイトであるが，こうした犯罪の頻発により，日本では2003年に「インターネット異性紹介事業を利用して児童を誘引する行為の規制等に関する法律」（通称：出会い系サイト規制法）が制定され，判断能力が乏しく犯罪に巻き込まれる可能性の高い未成年者の利用を規制し，登録時には身分証明が必要になるなどの対策が取られた。しかし，現在ではSNS[12]が代用として用いられているケースもあり，規制による防

表2 出会い系サイトおよびコミュニティサイトに起因する被害児童数 (警察庁HPより)

年	検挙件数		被害児童数	
	出会い系サイト	コミュニティサイト	出会い系サイト	コミュニティサイト
平成20 (2008) 年	1,592	994	724	792
平成21 (2009) 年	1,203	1,347	453	1,136
平成22 (2010) 年	1,025	1,541	254	1,239
平成23 (2011) 年	1,004	1,421	282	1,096
平成24 (2012) 年	848	1,311	218	1,075

止の限界を露呈しているといえる。表2からも、出会い系サイトでの被害児童数は減少してきているが、コミュニティサイトでの被害が増加していることがわかる。

また、インターネット上には、出会い系サイト以外にも自殺サイトなどの違法目的のサイトも存在しており、利用には十分な注意が必要であり、未成年者の利用については、特に保護者が注意しておく必要がある。日本国内の携帯電話では、未成年者の契約に際しては保護者の同意が必要であり、また保護者の希望によりネットワーク接続についても規制を設けられるようになっているのは、こうした背景も理由の1つであろう。

(3) 特定商取引に関する問題

インターネットの普及による変化は、商取引の分野でも起こっている。その1つが、インターネット上のモールやショップといった買い物ができるサイトの登場である。経済産業省によれば2011年度のEC（電子商取引）市場は8.44兆円と推測されており、これはその後も拡大している。自宅にいながら、さまざまな商品の買い物ができるほか、一番安く売っている店や商

品購入者のレビューが閲覧できるなど，至れり尽せりのサービスである。しかしながら，この便利さを逆手に取った詐欺も存在する。一般に1クリック詐欺とよばれるものがそれである。インターネット上の商取引では，画面上で購入する商品やサービスを選び，クレジットカードなどで簡単に決済ができるが，きちんと確認せずに画面操作をしているうちに売買契約が完了しているというようなトラブルを回避するために，「特定商取引に関する法律」で，インターネット上の商取引契約は，商品・サービスの選択画面と支払金額を表示した上で購入意思確認をする画面の2段階で成立すると定められている。これに対して，1段階で取引が成立すると錯誤させるものを1クリック詐欺とよぶ。法律上は成立していない商取引契約であるが，この契約を法的根拠のあるものとして，被害者に支払いを迫るという手口である。なかには，監督省庁による許認可番号や顧問弁護士名を挙げてその正当性を主張しているようなケースもあり，非常に悪質なものもある。これらの詐欺に共通する点としては，プライバシー情報にあたる契約内容を他人に知られたくないという心理が強く働く商品・サービスが多いということである。

　また，インターネットが低年齢層に普及するにしたがって，こうした詐欺被害に限らず，保護者に隠れて未成年者が利用するケースが増えており，合法的な情報サービスにおいても多額の請求金額に対して苦情が寄せられるなど，社会問題としても取り上げられるようになっている。

(4) コンピュータ・ウイルスの増加

　コンピュータ利用が進んだ1990年代から，コンピュータ・ウイルスの問題はみられるようになっていた。コンピュータ・ウイルスという名称は，風

邪やインフルエンザを引き起こすウイルスと同じような特徴をもった，コンピュータに害をなすものとしてつけられており，一般的な特徴として次の3つが挙げられる。

①ファイルなどを改変し，プログラムのコピーを追加する（感染）。また，感染したプログラムを増やしていく（自己増殖）。

②ある一定期間は，プログラムは機能せず，増殖し続ける（潜伏期間）。

③プログラムが機能し，悪意ある処理を実行する（発症[13]）。

最近では，こうしたウイルスプログラム以外にも，スパイウェアとよばれる，潜伏しながら処理し続けるタイプなど，多種多様であり，総称してマルウェアとよばれる。

コンピュータ・ネットワークが普及する前は，フロッピーディスクなどの記憶媒体によるファイルのコピーで感染を広げるというもので，被害も限定的であったといえるが，現在ではインターネットを介して，一気に拡散するため被害が広がりやすい。また，マルウェアが勝手にコンピュータ内のアドレス帳からウイルス感染メールを送信したり，ネットワーク上にファイルを送信したりといった，感染拡大の機能をもたせたものも多く，被害が拡大する傾向にある。特に，定額の広帯域通信が普及した現代では，コンピュータは常にインターネットに接続されている場合も多く，感染機会を増やしているといえる。

ただ，コンピュータ・ウイルスやマルウェアは，発症内容が悪意をもった振る舞いをするだけで，一般のコンピュータプログラムがそうであるように，対象のハードウェアやOSといったプラットフォームが，対応していなければ実行されることはない。また，事前に発見することができれば，駆除や感

染ファイルの隔離といった対処も可能であるので，ワクチンソフト[14]を用いることで，その多くは発見・対処し，被害を未然に防ぐことができる。

　最近では，スマートフォンに感染するタイプのマルウェアが登場しており，普及しているプラットフォームのスマートフォンでは注意が必要である。スマートフォンに感染するタイプのものとしては，利用者の意思に反してカメラ機能やマイク機能をオンにして，マルウェアの開発者などに送信し続けるスパイウェアなどが確認されており，プライバシー情報が盗まれるなどの被害も発生している。発見方法としては，コンピュータと同じくスマートフォン用のセキュリティ対策ソフトを導入するほか，以前よりも電池の消耗が早くなっていたり，アプリの動作が遅くなったりしている場合は，マルウェア感染の可能性があり，要注意である。スマートフォンの主な感染経路は，悪意あるサイトへの接続や，フリーのアプリをダウンロードした際に感染することが多いため，信頼できないサイトへの接続は極力避けるのが賢明であるといえる。

3. 変化にともなう諸問題

(1) 学力の低下について

　情報技術の発展に伴って起きた社会の変化は，さまざまな影響を与えており，そこで生活するわれわれの生活そのものを変化させている部分もある。たとえば，電話回線網が普及してわれわれの生活は随分と便利になった。しかし，情報伝達の速度の向上に伴い，社会の変化も加速していくこととなった。インターネットによるデータ通信の普及により，変化の速度は，さらに早まったといえる。その多くは，生活を便利に変えたといえるが，便利さは

時に人から成長の機会を奪ってしまう。交通機関が発達した社会は，そこで生活する人から運動能力を奪う。同様に，情報化社会では，そこで生活するわれわれから，情報処理能力を奪う結果を生んでいる。計算や記憶の能力は，われわれ人間を遥かに凌ぐ情報端末が身近にあることによって，その能力を利用する必要がなくなってしまう。昨今では，こうした環境のなか，学力低下問題が囁かれている。一部では，「ゆとり教育」[15]の弊害などといわれているが，そもそもそうした能力の必要性の理解を体験的に得られない現在の日本の生活においては，学習意欲が低くなってしまうのもうなずける。生活のなかで疑問をもっても，その理由や因果関係を知らずとも生活することができる便利さ。さらに，知りたいときには労せずして，そして文句も言わずに情報を提供してくれる信頼できるパートナーが存在する環境で，なぜ知識を習得する必要性を感じ取ることができるだろうか。以前から，自律的な学習能力を身につけさせることが学力をはじめとした総合的能力の向上に繋がるとの考え方は訴えられていたが，いわゆるゆとり教育では，体験を重要視しながらこうした根本的な経験を積ませるという試みは行われていなかったといえるだろう。

　OECDの調査結果によると確かに，ゆとり教育が実施されていた時期に，日本の生徒の成績は，点数を落としており，読解力においては全参加国平均を下回るという結果に終わっている。その後，脱ゆとり教育が進められた時期と点数の回復が一致しているが，専門家の間では，学力の低下は必ずしもゆとり教育の実施だけが主要因ではないといわれている。

　また，一般的に最近は世代を問わず漢字が書けなくなってきているといわれている。年配の方であれば，老化による記憶力の低下といえるかもしれな

表3 OECD学習到達度評価（日本の生徒の獲得点数と世界順位）

実施年度	数学的リテラシー		読解力		科学的リテラシー	
	点数	順位	点数	順位	点数	順位
2000	557	1	522	8	550	2
2003	534	6	498	14	548	1
2006	523	10	498	15	531	5
2009	529	9	520	8	539	5

※点数は全参加国の平均が500となるように計算されたもの

いが，若い世代にも共通している現象であることから，原因は電子機器の普及により漢字を手で書かなくなったためであるといわれている。漢字文化の元祖である中国でも同様の現象が起きているらしいことは，2013年8月のニュース[16]でも取り上げられており，中国文字研究会の呉振武（ウー・ジェンウー）会長は「われわれは1人ひとりが中華文化の継承者。漢字をしっかり覚えることも重要な文化の継承」と指摘している。日本の文字文化も漢字がベースであり，文化の継承をしていくためには，こうした状況をいかにして乗り越えていくのかは大きな課題であるといえる。中国では，こうした問題を生み出した原因の1つである情報機器を使って，漢字を手書き入力にするなどの工夫が進められているそうである。

　また，根本的な学力の低下については，関心や興味をより引き出すための取り組みとして，ICTを活用する取り組みが活発に行われている。生物の実験をする場合でも，ICTを活用することで，生物を活かしたまま体のつくりを画面に映して学ぶ理科の実験授業[17]がある。タブレット端末を使うことで，操作が複雑な実験機器を操作することなく，生物のさまざまな部分

を興味にしたがって観察することができ，かつ大画面で級友と一緒に見ることもできるという。こうしたコンテンツや技術活用が進めば，学力低下問題が囁かれることはなくなるかもしれない。

(2) デジタルディバイド（情報格差）について

　日本で，一般的な家庭での情報化が進んだのは，1995年頃が境であるといわれている。この時期は，Microsoft 社の Windows95 が発売され，インターネットの利用者が急激に増えた時期に符合する。つまりは，インターネットの活用が本格化した時期ということになるが，まずその第1波として訪れたのは，膨大な情報の検索である。当時の情報は，一方的に発信されている情報を検索し，自分の欲しい情報を得るというものであった。これまでは，主に紙媒体で提供されていた情報が，コンピュータを操作するだけで簡単に手に入ってしまうというのは，かなり画期的であったといえる。次いで利用されたのは，インターネットショッピングであろう。当時は，まだそうした取り引き形態が確立されておらず，トラブルもあったが，業者を通さずとも「海外の品物を購入できる」などのふれこみで，利用者の関心は一気に高まった。旅行や出張の際の交通手段や宿泊施設の予約などをインターネットで行うようになったのもこのころからであろう。

　こうした便利な利用法はあっという間に拡大し，企業側もこうした新しいチャネルへの対応を急速に進めた。企業側には，新しい顧客を獲得できる可能性が提示されただけにとどまらず，必要な情報などをすべて自動的にシステムのなかに取り込めるインターネット上の取り引きは，非常に魅力的であったことであろう。もちろん，現在でも大きな可能性と魅力をもっている。

しかし，ここである問題が生じている。いかにインターネットが普及しているといえども，その普及率が100%には，今現在でも至っていない。急激に普及している携帯電話でさえも，普及率は100%とはなっていない。つまり，こうした便利なサービスの恩恵を受けられない立場の人たちが少なからずいるということである。

　普及率が100%にならない理由は大きく分けると2つある。本人が（経済的事情などの不本意な選択も含めて）選択的に利用をしていない場合と，利用したくともサービスが受けられない場合である。前者の理由の場合は，資本主義社会の場合は，当然の選択権であり，その結果についても本人の選択によるものであることから，それほど問題にならないが，後者の理由の場合には，社会インフラの整備という観点から，しばしば問題として取り上げられる。

　実際には，インターネット上で提供されるサービスはインターネットを利用しなくとも，従来のサービス提供手法でその代替サービスを受けられるが，まったく同じサービスではない場合も多い。たとえば，欲しい本を探す場合は，インターネットを利用すれば，書籍名を入れて検索をかければすぐに目的の本を見つけ出すことができる。さらには，そのまま注文をすれば，数日待てば自宅に届くのである。しかし，従来の方法であれば，書店に足を運び，場合によっては時間をかけて探し出す必要がある。確かに書店で購入すれば，すぐに手に入るという利点や，その関連の図書を偶然に見つけるという機会に恵まれる場合もあるが，毎日忙しく過ごしている現代人には，前者のサービスの方が魅力的であろうことは，想像に難くない。

　また，航空券やホテルの予約の場合には，旅行代理店などで予約する場合

に比べて，安価に購入できる場合が多い。これは，インターネットを使うことによって，自動化が進んでいるため，人件費を節約できるという企業側メリットの還元であるわけだが，利用者にとっては魅力的である。また，時間を気にせず，24時間いつでも予約が取れるというのは，忙しいビジネスマンには非常にありがたいサービスといえる。

こうしたサービスを選ぶことができないというのは，大きな社会問題といえるだろう。

たとえば，テレビ放送がデジタル放送に完全移行して久しいが，実はこの地上波デジタル放送を受信できない地域がある。総務省では，難視聴地域として代替サービス[18]を提供していたが，その内容にはデータ放送が受信できない，画質が劣るといった制約もあった。

携帯電話のサービスエリアも，厳密には日本全国どこでも使えるというわけではなく，人口カバー率で97～99%，面積ではもっと低いカバー率になる。ブロードバンドのカバー率はさらに低いことを考えれば，そのサービスの内容も格差が生じていることになる。

今後も，こうした格差が残っていくなかで，いかにして公平性を保っていくのかは大きな課題になっていくことであろう。

(3) 「つぶやき」による問題

インターネットの利用の様態が変わってきて，2005年には，「Web2.0」という流行語が使われるようになった。従来の発信者と受信者がはっきり線引きされたサービスから，すべての利用者がインターネット上で協働活動をしていくというサービスへの転換を遂げたのである。当初は，ブログ[19]やウ

ィキペディア[20]といったサービスが代名詞として使われていたが，スマートフォンやタブレットなどの小型のインターネット端末が普及するにしたがい，より気軽に利用できる Twitter [21] や Facebook [22] などが誕生した。2013年時点で無料通話ソフト LINE の登録者数は，日本国内だけで4000万件を超えるといわれている。

　こうしたさまざまなソーシャルメディアの普及から，サービスがさまざまな場面で利用されるようになっており，それに伴い問題も発生している。その1つは，これらのサービスの社会性によるものである。本来は，こうしたソーシャルメディアは，交流を促進するものであるが，他人同士の交流には時として，諍いが生じる。インターネット上のコミュニケーションも例外ではなく，そうした問題が数多く発生している。多くは，誹謗中傷やそこから派生する人権の侵害や傷害事件などである。特にインターネット上のコミュニケーションの多くは，文字によるコミュニケーションに依存しており，受け手の受け取り方次第で，言葉のニュアンスが変化してしまい，そのためにトラブルに発展してしまったと思われる事例が数多くある。こうした背景から，絵文字などを利用して微妙なニュアンスを伝えるような工夫が行われているが，リアルタイムな双方向性をもたないソーシャルメディアでは，一度誤解してしまうと，その内容は，どんどん加速していってしまうという側面が見受けられる。そうした，齟齬が生まれやすいメディアであることを十分に理解したうえで利用する必要がある。こうした誤解は，インターネット利用の初期から指摘されており，特に匿名性の高いサービスを利用している場合は，相手の置かれている状況が理解できないがために誤解が起きていると推測される。相手の立場を尊重することを意識して，ネチケット[23]でもそ

うした内容が提唱されているが，問題の解決には至っていないのが現状である。

　また，最近の問題として指摘されているのは，ソーシャルメディアを通じた不適切な発言や不適切な行為の公表である。特に，つぶやき型ブログとよばれる Twitter は，基本的には匿名サービスであり，ツィートとよばれる情報発信の行為が容易であることから，ちょっとした悪ふざけのつもりでいたずらの武勇伝を公開するという行為がみられるようになっている。しかし，インターネット上のサービスは，基本的には匿名性が謳われているが，実際には警察などの捜査機関が調査すれば通信記録などから，利用機器が簡単に特定されてしまうし，こうした捜査機関でなくとも，数多く発信されている情報（地名や施設名称，写真など）から，利用者を特定する[24]ことも可能であるとされている。

　そうした状況であるにもかかわらず，こうしたいわば「悪意の武勇伝」は，毎日のように増えており，インターネット特有の情報拡散のスピードや社会問題としての話題性もあってエスカレートしており，なかには大きな被害につながっているケースも出てきている。

　たとえば，某コンビニエンスストアで，客が店員の目を盗んでアイスクリームの冷凍庫に入った姿を写真に撮って公開するという不適切な行為を公開したケースでは，衛生上の問題から商品をすべて処分し，さらには冷凍庫も新品に交換するという事態に発展し，被害総額は数百万円〜数千万円に至ると推測される。なかには，風評被害により閉店に追い込まれるというケースも発生している。2013 年 7 月に飲食店のアルバイト店員が厨房内の食器洗浄機に横たわっている写真を掲載したケースでは，同 8 月にこの情報が拡

散され話題になり，このアルバイト店員の過去の書き込みなどからすぐに店名などが特定された。この飲食店には苦情が殺到し，ついには閉店に追い込まれるに至った。このケースでは，後に損害賠償請求が行われており，専門家によれば最低でも1000万円，損害賠償と慰謝料を合わせて5000万円の請求も可能であるとされる。

こうした行為の多くは，Twitter上で行われており，これを揶揄して「Twitter爆弾」や「バイトテロ」などという俗称も生まれており，Twitterのことを「バカッター」「馬鹿発見器」とよぶ場合もある。事業者側でも対応に困っているというのが現状であろう。

いずれの場合でも，利用者がサービスの本質や自分の行為の社会的影響を考えずに行動していることが問題であり，本来は利用者の良識の問題であるのだが，インターネットを利用することによる，拡散のスピードと範囲がその影響を大きくしているといえる。

4. 結語

この講では，情報社会の到来による社会の変化の影響からの問題点を述べてきたが，その多くはICTなどの技術的問題ではなく，利用する側の問題をICTが加速するという構図をもって説明できる。つまり，利用者の意識の改革を進めなければ，こうした被害はより広がっていくと推測できる。逆に，道具としてのICTを正しく利用すれば，大きな問題を発生することなく，われわれはその恩恵を受けることができるともいえる。

参考資料
- アルビン・トフラー著，徳岡 孝夫訳,『第三の波』, 中央公論新社, 1982.
- 警察庁 HP　架空請求被害概況,
  http://www.npa.go.jp/safetylife/seianki31/higaijoukyou.html　2013/9/17 参照
- 森田和行（早稲田大学）他,「実践授業におけるテーブルトップ型顕微鏡画像提示システムの評価」, JSET29, 2013/9

注
1) 住民基本台帳ネットワーク，通称「住基ネット」。従来の住民基本台帳を電子化し，各自治体の情報をネットワークで共有する仕組みの法整備が行われ 2002 年より第 1 次稼働した。
2) アルビン・トフラー（1928 ～）は未来学者ともよばれ，社会や経済の発展について記しており，近未来像として 1980 年に発表した『第三の波』のなかで述べている。
3) 世界最初のコンピュータに関しては，議論があるが，ABC（Atanasoff-Berry Computer，アイオワ州立大学）は 1939 年に，ENIAC（Electronic Numerical Integrator and Computer，ペンシルベニア大学）は 1946 年に発表されている。
4) 日本では，MS-Windwos95 の登場によりインターネット接続の設定が容易になり，Web サイトのコンテンツの充実もあり，普及が進んだ。
5) 従来のインターネット接続は主に電話回線を用いた MODEM による接続で，56Kbps が最高速であったが，ISDN（Integrated Service Digital Network）や ADSL（Asynchronous Digital Subscriber Line），そして FTTH（Fiber To The Home）などの登場により，定額による広帯域常時接続サービスが普及した。21 世紀初頭の調査では，日本のブロードバンドサービスは通信品質や価格などを総合的に評価した場合には世界最高水準であると評価された。日本では，日本版スーパー情報ハイウェイ構想によりブロードバンドの普及に国策として取り組み，21 世紀初頭に普及に成功している。

6) NTT ドコモは i モード接続サービスを 1999 年に開始し，携帯電話各社がサービスを拡充。携帯電話によるデータ通信サービスは世界に先駆けて日本が取り組み世界に普及させた。その後 NGN（Next Generation Network：次世代通信網）整備事業によるデジタル情報通信網の統合により，携帯電話のインターネット接続は，一般的な技術となっている。
7) ティム・オライリーによって提唱された概念で，従来の Web サービスのように，規定の資料を閲覧する単方向ではなく，誰もが情報の発信者になり，情報の交換・蓄積・創造ができるような仕組みのことを指す。Wiki などが代表的なサービス。
8) 携帯電話で通信を行う際に利用される識別番号で，個人情報などと結びつけるためにはキャリアの契約者情報が必要となる。
9) Internet Protocol アドレスは，インターネットの通信を行う際に利用される識別番号で，通常は重複のない番号となっている。現在普及している IPv4 では，2 進数 32 桁（10 進数 0 ～ 255 までの数字 4 つの組み合わせ）で表現されている。
10) Media Access Control アドレスは，通信機能をもつ機器（LAN カード）などに割り振られている固有の識別番号となる物理アドレス。
11) 情報通信に伴う通信機器の識別はさまざまな制御方法を用いて行っているが，その利用者の情報を得るためには，各通信サービス会社が管理している利用者情報との照合が必要であり，警察の捜査権などがなければ，知ることはできない。
12) Social Networking Service。会員同士の交流を促進する目的のコミュニティ型のサービスのことで，交流サイトなどとよばれる。広義には，コメントが送られるなどの社会的ネットワーク構築が可能なサービス全般を含む場合もある。
13) 過去には，感染はすれども発症はしないタイプ（Concept）や，発症内容が被害にはつながらないタイプ（Happy99）も存在するが，一般的には情報が漏えいしたり，情報が消去されたりといった被害が出ている。

14) ウイルスに対応できるプログラムであるので，ワクチンソフトとよばれる。一般にはウイルス対策ソフトや，そのほかのネットワーク上の脅威への対応機能をもたせたセキュリティ対策ソフトとよばれるものが利用される。
15) 従来の知識習得を重要視していた詰め込み型教育ではなく，経験を重視する教育方針で進められた学習時間を減らした教育のこと。
16) ヤフーニュース（2013/8/21）「漢字が書けない中国人が急増」http://headlines.yahoo.co.jp/hl?a=20130821-00000027-rcdc-cn　2013/10/16 参照
17) 「実践授業におけるテーブルトップ型顕微鏡画像提示システムの評価」，森田和行（早稲田大学）他，JSET29, 2013/9
18) 衛星放送を利用した地上波番組の放送を行っている。受信に必要なアンテナなどは，難視聴地域に指定されている地域の住民には，申請すれば無償で提供される。総務省では，難視聴地域の住民は5万世帯程度と推定していた。
19) 「ウェブ・ログ」，つまりインターネット上に記録されている日記のようなものの総称。一般の日記とは異なり，他人に見られることを想定しており，受信者側がコメントを記入するといった交流につながるメディア。
20) ウィキペディア財団が運営するインターネット上にある世界最大のデジタル百科事典。2001年に開設され，現在では300近い言語で発信されており，その最大の特徴は，利用者が内容を記述するという点である。内容の吟味の観点から，ボランティアの監査人が選出されており，信憑性の維持にも工夫が凝らされている。
21) 「さえずり」という意味をもった名称で，1回の書き込みが140文字に制限されているマイクロブログとよばれるメディア。
22) 2004年にマーク・ザッカーバーグが中心となって立ち上げた，原則として実名登録をして利用するソーシャルメディア。2012年には10億ユーザが利用したと推定される。
23) 「ネットワーク」と「エチケット」からなる造語。一部は利用環境の変化（ブ

ロードバンド化）で改善されている部分もあるが，基本的には利用者間のコミュニケーションの齟齬を防ぎ，他者への配慮を謳っている。

24) 過去につぶやいた内容のなかから固有名詞などを用いて個人を特定する行為は実際に行われており，一部ではプライバシーの侵害も危惧されるが，本人が公開した情報による推測であり，特にマナーの悪い利用者の特定については，推奨される傾向さえみられる。

第4講
暴力・残酷ゲーム規制と表現の自由

第1節　テレビゲーム

　最近,「ゲーミフィケーション（Gamification）」という言葉が,頻繁にメディアに登場するようになった。ゲーミフィケーションというのは,「日常生活のさまざまな要素をゲームの形にする」という意味の単語である「ゲーム化（Gamefy）」から派生した言葉で,遊びや競争など,人を楽しませて熱中させるゲームの要素や考え方,また,ゲームデザインの技術やメカニズムを,ビジネスのようなゲーム以外の分野に応用していこうという取り組みを指す。
　また,テレビゲームには知覚的能力を訓練する機能があり,特に動機づけが低い学業不振の児童に対して,教育を目的としたテレビゲームが強い効果を発揮することが指摘されている。加えてテレビゲームは近年,社会的不適応の児童の適応を促すためにも利用されており,心理臨床においても有用であるとされている。
　このようにテレビゲームは今や社会に広く普及しているが,これに対して,中毒性の強いゲームを行う場合には,高いレベルに達するまで多くの時間を費やすことになるため,通常の生活から乖離してしまい,孤独感が増す子どもが増え,結果として他人や社会とうまくコミュニケーションをとることができなくなるということもいわれている。そして,そのような子どもは,特に暴力的なゲームを繰り返しプレイすることで,暴力的な言動や行為に麻痺してしまい,その結果,実際に犯罪のような行動に移してしまうという「テレビゲーム悪影響論」も根強く主張されている。

わが国においては，2011年7月1日に改正東京都青少年健全育成条例が全面的に施行され[1]，さらに児童ポルノ法の改正を巡っても規制強化推進の動きが強まるなど，表現の自由に対する規制の動きが高まっている。
　合衆国では，未成年への暴力ゲーム販売を禁止するカリフォルニア州の州法が，表現の自由を規定した合衆国憲法に違反するかどうかが争われた裁判で，合衆国連邦最高裁はゲーム業界側の主張を認め，規制は行き過ぎであるとする判決を言い渡した。
　そこで，本稿においては，暴力・残酷ゲームの規制に関する合衆国連邦最高裁の判決を手掛かりに，暴力的表現規制の合憲性という，現代の社会問題について検討する。

第2節　暴力・残酷ゲームとは

1.　暴力・残酷ゲームの意味

　暴力・残酷ゲームとは，一般的に「ゲーム内における流血や殺人などの暴力・残酷描写が過激なコンピュータ・ゲーム」のことを指す。このようなゲームは，その内容が暴力的で，人によっては強い不快感を与えるものや，人を殺害することを目的としたものであり，それらにリアルな映像効果をもたせてある。加えて，グロテスクで凶悪な描写を特徴とするものも多い。

　そこで，「虚構と現実との認識・判別能力がまだ十分に発達していない児童に暴力・残酷ゲームを利用させることは悪影響を与える」として批判する声も多く聞かれる。

　ところが日本においては，この暴力・残酷ゲームの規制の問題は，まだそれほど社会的に大きな問題にはなっていない。それはなぜかといえば，1980年代に家庭用ゲーム業界をリードし，一躍トップに立った任天堂が，自社ゲーム機（ファミリー・コンピュータ）に対応したすべてのゲームソフトの内容に対して厳しいチェックを行ったため，暴力性・残虐性の強いゲームソフトが発売されることがなかったからである。

　これに対して，家庭用ゲーム機と並行してパソコンゲームが発達したアメリカやヨーロッパでは，主に青少年層や大人向けの市場で，暴力的で過激な内容のゲームが多く登場した。これは，アメリカやヨーロッパでは，日本と比べて児童向けの表現活動（ゲームやテレビ）に対する規制は厳しく，対し

て成人向けの規制の方は緩いという事情があるからである。

ただし，日本においても，ソニー・コンピュータエンタテインメント（SCE）が「プレイステーション」のヒットによって，任天堂に代わって日本のゲーム市場のトップに立ったことにより，国産のゲームでも「バイオハザード」のように，暴力シーンやグロテスクな描写を含むゲームが発売されるようになった。

2. なぜ暴力・残酷ゲームを規制するのか

(1) テレビゲーム悪影響論

文部科学省が2004年に発表した報告書「『子どもとテレビゲーム』に関するNPO等についての調査研究——米国を中心に」では，テレビゲームが子どもに与える影響の1つとして，テレビゲーム遊びが，人間の脳において創造性や社会性を支えるような高度な情報処理を司る前頭前野の発達を阻害するとする「ゲーム脳」の問題が指摘されている。

このゲーム脳の議論をきっかけとして，過度なテレビゲーム遊びがキレやすい子どもを生み出すといった，「テレビゲーム悪影響論」が注目を浴びるようになった。

テレビゲーム悪影響論においては，①テレビゲームは子どもに対して，暴力が問題解決の有効手段であるという見方を植えつけさせるという意味において，暴力シーンを含むテレビゲームが子どもの「暴力性」を高めるという懸念，②テレビゲームに没頭していると，生身の人間関係を敬遠する結果，ひきこもりや不登校のような「社会的不適応」の状態になるのではないかという懸念，③テレビゲームは，従来の文字メディアの場合とは異なる影響を

人間の知的能力ないし認知能力に与える可能性、④子どもが長時間にわたってテレビゲームで遊ぶことによって、勉強や読書などの知的活動の時間が失われ、その結果、知的能力や学力に悪影響が出るのではないかという懸念が示されてきた。

(2) テレビゲームと暴力性との関係

　総務庁青少年対策本部が1999年に発表した「青少年とテレビ・ゲーム等に係る暴力性に関する調査研究報告書」では、テレビ視聴及びテレビゲームと暴力性の関係性についての調査がなされ[2]、この報告書によると、データ分析の結果、テレビと暴力性の関係はあまりみられなかったものの、テレビゲームと暴力性の関係性が示された。

　テレビゲームと暴力性の関係性が示された理由としては、第1に、テレビゲームの相互作用性（インタラクティブ性）が指摘されている。これはつまり、現実の世界では、誰かを倒すというのは反社会的な行為であるため、そのようなことをすれば何らかの刑事罰が科せられるが、テレビゲームの世界では罰せられることはなく、むしろスコアが高くなり、ゲームをクリアすることができるので、プレイヤーはためらうことなく相手を倒していく。この過程において、暴力的な考えが助長されるというわけだ。第2の理由は、もともと暴力性の高い人が暴力的なゲームを好んで遊ぶという可能性であり、頻繁に暴力的なゲームで遊ぶ過程において、暴力的傾向が強化されていくということである。

第3節　暴力・残酷ゲーム規制

　日本および合衆国においては，テレビゲームに含まれる暴力的表現や性的表現が子どもに悪影響を与えているのではないかという社会からの批判を受け，ゲーム業界が「レーティング制度」を設けるなどの自主規制を行っている。また，合衆国においては，テレビゲーム業界の自主規制にとどまらず，州レベルで法律によってテレビゲームの販売を規制しようという動きがある。

1．日本の現状

(1) CEROによるレーティング制度

　わが国のゲーム業界における自主規制は，1997年にコンピュータエンターテインメントソフトウェア協会（現，社団法人コンピュータエンターテインメント協会（CESA））が業界団体として倫理規定を制定するとともに，倫理委員会を設置することによって始まった。その後，2002年に，ゲームの内容表現の青少年に与える影響などのゲームに向けられた社会的要請に応えるために，特定非営利活動法人である「コンピュータエンターテインメントレーティング機構」(CERO：Computer Entertainment Rating Organization．以下，CEROと略す）が設立され，ソフトウェアメーカーから倫理審査の依頼を受けたゲームソフトに関し，社会の倫理水準に照らして適正か否かを審査し，適正と判断されたものについて「年齢別レーティング区分」を設け，各ゲームソフトを該当区分に区分けしている。これによりユーザーは購入前にゲームソフトの内容について情報を得ることができ，商品選択のた

めに利用することができる。

　CEROのレーティング制度は，ゲームソフトの表現内容に応じて対象年齢などの「年齢区分マーク[3]」を表示するもので，国内で発売される家庭用ゲームソフトのすべてを対象として，2002年10月より始まった。

　ソフトウェアメーカーから倫理審査の依頼を受けるとCEROは，倫理規定にもとづいて審査を行い，ゲームソフトに対応したレーティングを個々のゲームソフトに付すことになっている。倫理規定が定める「禁止表現」や「不当な差別表現」に該当する表現がゲームソフトに含まれる場合には，そのソフトにはレーティングが与えられない。「禁止表現」は，「暴力表現（出血描写，身体分離・欠損描写，死体描写，対戦格闘・ケンカ描写など）」「性表現（性行為，覗き行為，裸体，水着・コスチュームなど）」「反社会的行為表現（犯罪描写，非合法な飲酒及び喫煙，虐待行為など）」「言語・思想関連表現（言語・思想関連の不適切な描写）」の4つである。

　特に残酷な表現のあるゲームについては，CEROの規定により，「Z（18歳以上のみ対象）」であることを強調するよう，対象年齢をパッケージに明記するとともに，規制の根拠を表すアイコン（コンテンツアイコン）を表記するようになっている。この「Z（18歳以上のみ対象）」というレーティングが付された場合，18歳未満には販売・頒布しないことが前提となる。

　さらに，CEROのレーティングが付されたゲームソフトには，「コンテンツアイコン」という，年齢区別対象に該当する根拠を示す表示が付される。コンテンツアイコンは，「恋愛，セクシャル，暴力，恐怖，飲酒・喫煙，ギャンブル，犯罪，麻薬，言葉・その他」の9種類からなり，場合によっては1つのゲームソフトに複数のコンテンツアイコンが付されることもある。

CEROの会員は2011年3月時点で約150社であり，これまでに約9000タイトルのゲームソフトのレーティングを行っている。また，CERO以外にも，「コンピュータソフトウェア倫理機構」が主にパソコン用のゲームの倫理審査を行っており，「映像倫理機構」がビデオやDVDに加えてゲームの倫理審査を行っている。

(2) 地方自治体における規制

　わが国においては，国の法律のレベルでは現在までのところ，暴力・残酷ゲームを規制する法律はないが，地方自治体レベルでは，そのようなゲームを青少年保護育成条例にもとづいて「有害図書類」に指定するという動きが，みられる。

　たとえば神奈川県県民部青少年課は2005年5月30日，カプコンのアクションゲーム「グランド・セフト・オート3」（Grand Theft Auto3. 以下GTA3と略す）を神奈川県青少年保護育成条例にもとづいて有害図書類に指定し，6月7日に告示した。「殺りくシーンが多く，残虐性が高い」というのが指定の理由である。

　これには，2005年2月14日に大阪府寝屋川市の小学校で発生した教職員殺傷事件において，容疑者の少年がゾンビを倒すアクションゲームに熱中していたと報じられたことを受けて，同月に開かれた神奈川県児童福祉審議会で，「暴力表現があるゲームソフトを有害図書の対象にすべき」という議論がなされ，松沢成文知事（当時）が3月の定例記者会見で，残虐なテレビゲームソフトを「有害図書類」に指定して18歳未満への販売を禁止し，首都圏での共同規制を目指すことを表明し，5月25日に殺人や暴力などの残

虐シーンを多く含むゲームソフトを有害図書類に指定する方針を発表した，という経緯がある。

　神奈川県青少年保護育成条例第7条では，「いわゆる卑わい系や残虐系の図書類」を有害図書類として定義し，有害図書類と他のソフトとを明確に区別した陳列を小売店に対して義務づけ，18歳未満に販売した場合，30万円以下の罰金を科す罰則規定が設けられている。

　有害図書指定を受けたGTA3は，合衆国のロックスター（Rockstar）社が開発し，北米で2001年から発売されているアクションゲームで，プレイヤーは主人公のギャングを操り，人を車で轢き殺したり，銃で撃つことができるなど，過激さが受けて世界中で800万本を出荷する大ヒットとなったが，合衆国でも少年犯罪が起こるたびに，「GTA3に影響を受けたのではないか」として問題視されてきた。日本ではPlaystation2用ソフトとしてゲームメーカーのカプコンが日本語に翻訳して2003年9月に発売し，30万本以上を販売する大ヒットとなった。

　GTA3の有害図書指定が確定的になった6月6日，発売元のカプコンは再考を求める文書を松沢知事あてに提出し，7日の告示直後には，「表現の自由を制約する，行き過ぎた規制だ。法的対応を検討する」という声明を発表した。

2．合衆国の現状

(1) ESRBによるレーティング制度

　合衆国では1994年にテレビゲーム関連企業が中心となって，「IDSA：Interactive Digital Software Association」（現　エンターテイメントソフトウェ

ア協会（ESA：Entertainment Software Association））が設立され，IDSAは1994年にレーティングの実施機関であるESRB（エンターテイメント・ソフト・レーティング委員会。Entertainment Software Rating Board. 以下ESRBと略す）を設立した。

　ESRBは，エンターテイメント・ソフト産業において独自のレーティング・システムを設け，ゲームソフト制作者からのレーティング申請を受けて，レーティングに関わる事業を行っている自主規制機関である。

　パソコンやテレビゲームのソフトを対象とするESRBのレーティングは，2つの部分から成っており，その1つ目は「レーティング・アイコン」と呼ばれる，ソフトウェアのパッケージの前面に表示されるレーティング表示であり，購入者および店頭の販売員に注意を促している。これは，そのゲームが，どの年齢にふさわしいかを示すもので，年齢区分は，「3歳以上（子どもには不適切であると親が思う内容は，まったく含まれていない）」「6歳以上（幅広い年齢と嗜好に対応している。最小限の暴力的表現やどたばた喜劇，あるいは最低限の乱暴な言葉遣いが含まれている）」「13歳以上（暴力的表現，やや乱暴あるいは乱暴な言葉や，暗示的なテーマが含まれている）」「17歳以上（性的な表現，より激しい暴力や乱暴な言葉が含まれている）」「18歳以上（18歳未満に対する販売やレンタルを禁ずる。映像による性的・暴力的表現が含まれている）」などに分かれている。

　ESRBのレーティングには法的な拘束力はないが，自主的な規制システムとしてゲームメーカーや小売業者などもレーティングを意識している。特に，ESRBによって上述の「17歳以上」か「18歳以上」に指定された場合，ソニーと任天堂は基本的に，そのソフトの販売を拒否している。

レーティングの2つ目は，ソフトの裏面に表示されている「コンテンツ・ディスクリプター」とよばれるもので，たとえば，「血液，ギャンブル，暴力，性描写，薬物，アルコール，タバコ，不適切な言葉遣い」などのキーワードで，ソフトの詳細な内容に関する情報が記されている。

(2) 州法レベルでの法規制

　合衆国においては，業界の自主規制にとどまらず，暴力的な内容を含むテレビゲームを販売・レンタルすることを法律により規制しようとする動きがある。

　たとえば2003年5月，ワシントン州において，17歳未満の年少者に，警官への暴力描写を含むゲームソフトを販売またはレンタルした業者に対し，最高500ドルの罰金を科す法律が制定された。この法律においては，「暴力的な描写」を「制服その他のシンボルで警官など法の執行者と分かるキャラクターを，ゲームのプレイヤーが殺したり傷つけたりすること」と定義している。

　同法に対しては，合衆国のゲームメーカーや小売業者などの団体が，合衆国憲法修正第1条[4]で保障された言論の自由を侵害するとして違憲訴訟を起こし，2003年7月11日，連邦地裁が「ゲームには複雑な筋書き，独自の背景音楽，詳細なアートワークが含まれており，他のメディアと同様に，言論の自由にもとづく保護に値する」「ゲーム販売を禁じることにより，言論の自由に関するより幅広い懸念が生じかねない」「同法は適用範囲が過度に広い上に，対象が恣意的に限定され過ぎており，言論の自由の侵害に当たる可能性がある」として，同法の施行差し止めを命じている。

このワシントン州法以外にも，2003年にミズーリ州セントルイス郡で，2005年にはミシガン州，イリノイ州，カリフォルニア州で規制法が制定ないし制定される予定だったが，ゲームソフト制作企業等が「言論の自由を制限するおそれがある」として違憲訴訟を起こし，いずれも，「ゲームの表現における州法の規制が違憲である」とする判断が示され，ゲームソフト制作企業側が勝訴している[5]。

第4節 カリフォルニア州の暴力ゲーム販売規制法に関する合衆国連邦最高裁判決

1. 事実の経緯

　2005年のカリフォルニア州議会第1179号法案（Assembly Bill 1179．以下，「本件州法」と略す）の第1746-1746.5条は，「暴力的ビデオゲーム（violent videogames）」の未成年への販売又はレンタルを禁止し，パッケージに「18禁」ラベルを貼るように求めていた。本件州法は，「合理的な者であれば，全体として未成年の異常又は病的な関心を掻き立てるだろうと考え，未成年者にとって何が適切であるかに関するコミュニティの支配的な基準に照らして明らかに不快（patently offensive）であり，そのことにより，全体として未成年に対する真摯な文学的・芸術的・政治的又は科学的な価値を欠くやり方で描かれる行為として，プレイヤーに入手され得る表現に，人間のイメージの殺害，不具化，四肢切断，性的攻撃が含まれる」ゲームを対象としており，本件州法に違反した場合には，1000ドルまでの過料が科されることになっていた。

　暴力ゲームの規制を目的とした本件州法は，1999年に起きたコロンバイン高校での銃乱射事件をきっかけにして暴力的なビデオゲームが青少年に与える影響への懸念が強まり，暴力的ゲームソフトが，子どもたちの攻撃的心情を高め，前頭葉の理性の働きを鈍らせ，凶暴な反社会的行動を助長するとして，性的暴行や惨殺シーンを含む「過度に暴力的」とみなしたゲームを未成年に販売・レンタルすることを全面的に禁止し，違反した小売業者には

1000ドル以下の罰金を科すという内容であり，2005年にカリフォルニア州のレランド・イー上院議員によって法案が提出され，皮肉にも暴力シーンが多く登場するアクション映画で活躍したアーノルド・シュワルツェネッガー州知事（当時）が署名して同年に成立した。

本件州法は，いわゆる「強力効果論」にもとづいて青少年への表現物の販売を規制するものであり，ゲーム業界にとっては致命傷となりかねないことから，業界側（ビデオゲーム業界団体のエンターテイメント小売協会 Entertainment Merchants Association. 以下EMAと略す）は，自主的に導入しているレーティング制度が十分機能していると主張し，本件州法について，施行差し止めの仮処分命令を求めて法律の施行前に提訴した。

これに対してカリフォルニア州は，業界の自主規制は不十分であり，州には子どもを守る規制利益があると主張したが，連邦地裁は2007年，「本件州法は未成年者の心身の健全性を保護する規制利益を促進することを目的とするが，目的達成手段が最小限度であるとはいえず，本件州法が規制目的を促進することが立証されていないので，本件州法は表現の自由を規定する修正第1条に違反する」と判断し，その永久執行停止を命令した[6]。また，第9巡回控訴裁判所も，「未成年者に現実に精神的害悪が加えられるという因果関係が科学的に立証されていないので，本件州法は違憲である」として，地裁の違憲判断を支持した[7]。

2. 連邦最高裁判決

第1審および控訴審で訴えが認められなかったカリフォルニア州の上訴を受けて，「ブラウン（カリフォルニア州知事他）対エンターテイメント小売

協会他」事件は，合衆国連邦最高裁において，2010年11月2日より弁論が開始され，2011年6月27日に判決（以下，「EMA判決」と略す）が下された[8]。

(1) 連邦最高裁の判断

合衆国連邦最高裁は7対2の多数で，本件のカリフォルニア州法により「たとえ保護者が暴力ゲームは無害だと判断した場合でも，若者の表現の自由を阻害することになる。不安をもつ保護者を支援する手段としては行き過ぎである」として，州法は表現の自由を規定するアメリカ合衆国憲法修正第1条に合致しない，即ち憲法違反であると判断した。そのため，本件のカリフォルニア州法は実際に施行されることはなかった。

EMA判決はゲームの規制に関して連邦最高裁が初めて明示的な判断を下したものであり，大きな反響をよんだ。

以下，連邦最高裁の判断における重要な論点について説明する。

①ビデオゲームは修正第1条の保護を受けるか

法廷意見を執筆したアントニン・スカリア（Antonin Scalia）裁判官は，まず「ビデオゲームは，修正第1条の保護を受ける。……（ビデオゲーム）が新たな，異なるコミュニケーション・メディアだからといって，言論，表現の自由の原則が変わることはない」として，ビデオゲームは書籍や演劇，映画などと同様に，合衆国憲法修正第1条が定める「言論の自由」の保護対象に含まれると述べた。

2010年11月に連邦最高裁で行われた口頭弁論では，EMAがビデオゲームにおける暴力表現について，非常に冷酷な内容が描かれているグリム童話

などを挙げ，白雪姫の毒リンゴ表現や，王妃が焼けた鉄の靴を履かされて踊りながら殺される結末，シンデレラの姉妹がハトに目をつつかれ，ヘンゼルとグレーテルが魔女をオーブンで焼き殺すなどの残酷な表現など，昔から存在する童話のような既存のメディアもビデオゲームと同様の暴力表現が伴うものであり，未成年者にこれまで与えられてきた童話や学校教材も，実は「流血」や「暴力」には事欠かないものであると主張したが，スカリア裁判官は，「こうした暴力的ビデオゲームで遊ぶことは，読書することと基本的には同一の行為」であると判断し，「ダンテの著書を読むことの方がモータル・コンバットのゲームで遊ぶよりは文化的で知性を磨くのに役立つのは疑いないところである。しかし，この文化，知性上の差異は合憲・違憲の判断には関係がない」と判断した。

②カリフォルニア州の規制利益

次にスカリア裁判官は，「本件州法は，修正第1条の保護を受ける表現の内容を規制するものであるから，それが厳格な違憲審査の基準をパスしていること，つまり，それがやむにやまれぬ政府利益（compelling government interest）によって正当化され，かつ，その利益に適合するように狭く限定（narrowly drawn）されているということをカリフォルニア州が示すことができない限り，違憲無効である」とした上で，「カリフォルニア州は，この基準を満たしていない」と述べている。

その理由としてスカリア裁判官は，「暴力的なビデオゲームと未成年者への害悪との直接の因果関係が証明できていない」，より具体的には，「暴力ゲームに対する接触と，子どもに対する有害な影響の間のつながりを示すことを目的とした心理学的調査は，このような接触が未成年に攻撃的な行動を

とらせることを証明していない」ということを挙げている。
③カリフォルニア州が主張する強力効果論について

　連邦最高裁での審理に際してカリフォルニア州側は，規制を正当化する科学的根拠として，アイオワ州立大学のクレイグ・アンダーソン（Craig Anderson）教授による暴力ゲームと少年犯罪の間に因果関係を示す研究結果を提示していたが，スカリア裁判官は，この主張を「カリフォルニア州の証拠には，まったく説得力がない」として一蹴した。

　スカリア裁判官は，「クレイグ・アンダーソン博士の調査は，……暴力ゲームが未成年に攻撃的な行動を取らせることを証明していない。……それらはせいぜい，暴力的な娯楽への接触と，非暴力ゲームをプレイした後より暴力ゲームをプレイした後の方が，その後の数分，子どもの気分が多少攻撃的になり，ざわつくといった程度の，現実の些細な効果の間に相関があるということを示すに過ぎない」として，アンダーソン教授の研究は，暴力ゲームと少年犯罪との因果関係を証明するものではなく，あくまで相関関係にもとづいたものであるとして，暴力ゲームが未成年者に対して積極的に行動を促すことは証明できないという判断を下した。

(2) 連邦最高裁判決の分析
①ビデオゲームは保護される言論か

　EMA判決において連邦最高裁は，ビデオゲームは，従来から存在する書籍，演劇，映画と同様に思想等を伝達するメッセージ性（コミュニケーション的性格）を有するものであるから，憲法修正第1条の保護を受けるメディアの1つであると判断した。

同判決において特に興味深いのは，連邦最高裁が，グリム童話の『ヘンゼルとグレーテル』などの子ども向けの古典的名作でさえも残虐なシーンを数多く含むものであることを指摘している点である。確かにたとえば，グリム童話の『赤ずきん』には，狼がおばあさんと赤ずきんを食べるという残酷なシーンがあるわけだが，童話のなかで描かれていれば問題はないが（つまり子どもにとって害悪にはならない），ビデオゲームのなかで描かれれば問題である（子どもにとって害悪になる），という論理構成に正当性はあるであろうか。

　また，もし，『赤ずきん』から，狼がおばあさんと赤ずきんを食べるというシーンを削除した場合，『赤ずきん』の物語自体が成立するだろうか。

　おそらく，多くの人が，どちらの質問にも「No」という回答をすると思うが，その理由は，『赤ずきん』から，狼がおばあさんと赤ずきんを食べるというシーンを削除してしまうと，『赤ずきん』という作品が有しているメッセージ性が没却されてしまうからであると考えられる。

　ビデオゲームが「新たな，異なるコミュニケーション・メディアだからといって，言論，表現の自由の原則が変わることはない」というスカリア裁判官の意見は，ビデオゲームもメッセージ性をもつのであり，表現の自由の保護領域において古典的名作とビデオゲームは同一の地位にあるということを示すものとなっている。

②暴力ゲームは暴力性を高めるか

　前述の「ビデオゲームもメッセージ性をもつのであり，表現の自由の保護領域において古典的名作とビデオゲームは同一の地位にある」というEMA判決の判断の枠組みに従うと，国または州政府が，ビデオゲームを規制する

法律を制定する場合，ビデオゲームが社会に及ぼす害悪について，その高度な証明の程度が要求されることになる。

　つまり，規制する側（国または州政府）が「テロを題材にしたビデオゲームはテロを助長する。従って，そのようなビデオゲームは規制すべきである」という主張を行うのであれば，「ビデオゲームとテロの発生との間に因果関係がある」，換言すれば「暴力ゲームは（人間の）暴力性を高める」ということを立証しなければならないが，そのハードルを越えるのはかなり困難なことだろう。

　この問題を考える上では，「メディアが人間に及ぼす影響」について考察する必要があると思う。この点について，1930年代から40年代にかけての合衆国におけるマス・コミュニケーション研究の中心的な考え方で，「マス・メディアの効果は直接的で強力なものである。従って，マス・メディアが発するメッセージが，直接的に人々の行動変容を促進する」と唱えた「強力効果論[9]（powerful effect model）」という主張がある。

　この強力効果論によれば，「暴力的なメディアが子どもを暴力的にする」，ゲームに関していえば，「ゲームが暴力性を高めるから，暴力事件が激増する」という論法になるわけだが，この主張が説得力をもつには，メディアが人間の行動を変えるほどの影響力を有していて，社会全体でみて顕著な変化が起こっているという事実の存在が前提となる。しかしながら，そのようなメディアの影響が客観的に証明できるだけの科学的な証拠はいまだ得られていないというのが現状である。

第5節　考察

　ここまでEMA判決を中心に,「暴力ゲームが表現活動として憲法上の保障を受けるか」という点について分析した。わが国においては, EMA判決のようにゲームソフトが憲法上の保障を受けるかという問題について争点となった事例が存在しないので, なかなか具体的な事象として捉えづらいと思うが[10]。仮にEMA判決におけるカリフォルニア州法と類似の法律がわが国で制定されたと仮定した場合, もっとも問題となるのは,「暴力的表現を含むゲーム」と「暴力性」との因果関係である, と考えられる。

　因果関係とは,「あるものが原因になって, あるものが結果になる」という関係であるから, 規制する側（立法者）は,「暴力的表現を含むゲームをプレイすれば, 暴力性が高まり, 暴力事件が激増する」という命題を証明しなければならないということになる。「X（暴力表現を含むゲームをプレイすれば）だからY（暴力的な人間になる）である」という因果関係が証明されることが必要なのであって,「X（暴力表現を含むテレビゲームをやっている人ほど）とY（暴力的である）との間には関係がある」という相関関係では不十分である。相関関係というのは,「一方が大きいほど, もう一方が大きい」というように, まったく別の2つの要素が連動するだけの関係を指し示すものだからである。

　つまり,「暴力表現を含むテレビゲームをやっている人ほど暴力的である」という関係性が立証できても, それは,「暴力表現を含むテレビゲームは暴力（性）に影響がある」ということ（相関関係）を証明したことに過ぎない

のであって,「暴力表現を含むテレビゲームをプレイすれば,暴力的な人間になる」という因果関係を証明したことにはならないということだ。「暴力表現を含むテレビゲームは暴力（性）に影響がある」ということを証明しただけでは,暴力性を高める他の要因の存在を排除したことにはならないからである。

　さらに,「原因（暴力表現を含むゲームをプレイすれば）」の分析に関しても,何を指標とするのか（たとえばソフトの売り上げ本数や,青少年層によるテレビゲームの平均プレイ時間数など),判断が困難であると思われるし,「結果（暴力的な人間になる）」に関しても,たった1本のゲームの影響を受けて,それだけで暴力性が高まり,暴力事件が激増するという状況を想像することができるだろうか。それは,やはり論理の飛躍というものであると思われる。

第6節　おわりに

　高度情報化社会の進展に伴い，社会環境は従前とは大きく様変わりしている。

　わが国においては，合衆国と異なり，テレビゲームに対する法規制はいまだ行われていないが，「暴力的内容を含むゲームを規制すべきである」という意見はわが国においても根強く存在する。そのような意見の根拠として主張されるのが，「テレビゲーム悪影響論」だが，テレビゲームの悪影響に関しては，メディアというものの長い歴史でみれば，テレビゲームというメディアがこの世に登場してから，まだあまり長い歴史をもたないため，法規制の科学的根拠とすべき有効なデータが存在していないまま，特に暴力的で残酷な表現を含むゲームに対する単なる嫌悪感から，法規制が主張されているというのが現状ではないだろうか。

　わが国が生み出すマンガやアニメ，そしてゲームソフトは，「萌え系」や「クールジャパン」という言葉に代表されるように，特異な発展形態をみせており，今や国際的にも認知されている。拙速な規制に走るのではなく，問題性と有用性の両面からテレビゲームについて検討し，十分な議論を行うことが必要である。

　テレビゲームについて，「悪影響が懸念される」という理由だけで新たな規制に乗り出したり，規制を強化することは，テレビゲームの有用性をも放棄することになる。加えて，新たな法規制または規制の強化による，ゲームソフトの売り上げの減少，それに伴うゲーム関連企業の株価の下落，という

影響にも目を向けなければならない[11]。
　青少年の健全な育成とゲーム業界の発展の両方のバランスを考えて，慎重な検討を行うことが今後の更なる課題といえるだろう。
　その意味において，「嫌悪は，表現を制限するための有効な基礎ではない」という言葉の意味について考えてみたいと思う。

参考文献

- 青野篤「判例研究　暴力的ビデオゲームの規制と表現の自由――アメリカ連邦最高裁判決：Brown v. Entertainment. Merchants Ass'n, 131 S. Ct. 2729（2011）」大分大学経済論集63巻5・6号．2012．109．
- 井上幸希「暴力的内容のビデオゲームの未成年者に対する販売，貸し出しを規制する州法が，表現の自由を保障する合衆国憲法修正1条に違反するとされた事例：Brown v. Entertainment Merchants Association, 564 U.S._（2011）Case on Public Law」廣島法學36巻2号．2012．81．
- 財団法人イメージ情報科学研究所「ゲームソフトが人間に与える影響に関する調査報告書」2003．
- 坂元章「『テレビゲームと暴力』の過去，現在，未来――社会心理学における研究の動向」『シミュレーション＆ゲーミング』13巻1号．2003．56．
- 城野一憲「『暴力的ゲーム』の規制と表現の自由――有害表現規制におけるカテゴリー審査と利益衡量」田島泰彦編著『表現の自由とメディア』日本評論社．2013．165．
- 総務庁青少年対策本部『青少年とテレビ・ゲーム等に係る暴力性に関する調査研究報告書』1999．
- 辻雄一郎「暴力的なゲーム規制を中心とした 表現の自由の考察」駿河台法学25巻2号．2012．117．
- 原田伸一朗「表現規制とヴァーチャリティ――『描かれた児童虐待』をめぐる法と倫理」静岡大学情報学研究17巻．2012．1．
- 桧垣伸次「暴力的なビデオゲームの規制と言論の自由 ―― Brown v. Entertainment. Merchants Association, 131 S. Ct. 2729（2011）を素材に」同志社法学353号．2012．221．
- 東川浩二「合衆国における残虐ゲームの法的規制」金沢法学49巻1号．2006．1．
- 藤井樹也「暴力的ビデオ・ゲームの規制と表現の自由――その後のアメリカ連邦最高裁判所」成蹊法学75巻．2011．91．

・文部科学省「『子どもとテレビゲーム』に関する NPO 等についての調査研究——米国を中心に」2004.

注

1) 1964 年に制定された東京都青少年健全育成条例は数次にわたって改正されたが，2010 年の改正では，規制対象とされる不健全な図書類の定義に「残虐性を助長」するものを含み（7条2項，8条1項1号），「強姦等の著しく社会規範に反する性交又は性交類似行為」を「著しく不当に」賛美・誇張する表現物については，漫画，アニメーション等の非実写の画像についても規制対象に含まれるようになった。
2) この調査は，5府県（茨城，埼玉，愛知，京都，兵庫）の小学6年生1542名，中学2年生1700名の合計3242名を対象に実施されたものである。
3) 年齢区分マークには，全年齢対象ソフト，12歳以上対象ソフト，15歳以上対象ソフト，18歳以上対象ソフト，教育・データベースソフト，体験版用CERO規定適合マーク，審査予定マークという種類がある。
4) 合衆国憲法修正第1条は，「連邦議会は，国教の樹立に関し，自由な宗教活動を禁止し，言論または出版の自由，平和的に集会し，苦情の救済を求めて政府に請願する人民の権利を縮減する法律を制定してはならない」と規定している。
5) ミズーリ州セントルイス郡で2000年に成立したゲーム規制条例の違憲訴訟では，同条例は，暴力や露骨な性描写を含むゲームを17歳未満の年少者が購入，またはゲームセンターでプレイする場合に保護者の事前の同意を要求した条例の合憲性が争われ，1審では条例を支持する判決が下されたが，控訴審で逆転の判決が下された。Interative Digital Software Ass'n et al., v. St. Louis County et al., 329 F. 3d 954, 2003 U.S.App. (8th Cir., Jun. 3, 2003).
6) Video Software Dealers Association v. Schwarzenegger, 2007 U.S.Dist. (2007).
7) Video Software Dealers Association v. Schwarzenegger, 556F.3d950（9th

Cir. 2009).
8) Brown v. Entertainment Merchants Association, 131 S. Ct. 2729 (2011).
9) この強力効果論は,「マス・メディアが発するメッセージが,ピストルの弾丸のように人々の心を直撃する」というイメージでマス・メディアの影響をとらえたことから「弾丸理論」ともよばれている。ただし,マス・メディアの効果に関する研究においては,強力効果論は実証的研究により現在では否定されており,「マス・メディアの影響は絶大なものではなく,暴力的な情報が人間の暴力的な部分を刺激し,欲求の引き金になる場合がある,という限定的な効果しかない」とする限定効果説が学問的に主流となっている。
10) 本件のような問題を考察する上では,動物虐待描写物の頒布等の規制に関わる Stevens 判決（United States v. Stevens, 559 U.S. 460, 130 S.Ct. 1577 (2010).) が参考になる。合衆国では1990年代に,「クラッシュビデオ (crush video)」と呼ばれる,動物虐待を描写するビデオが流通した。そのような動物虐待を取り締まる目的で,2010年時点において,合衆国では50州すべてにおいて動物虐待禁止法が存在し,そのうち46州は法律違反に対する重罪規定を設けていた。また連邦法においても,1999年に制定された合衆国法典第18編48条（18 U.S.C. §48）が商業的利益を得る目的で,動物を残虐に扱う描写を,州際あるいは国際的取引の場で,故意に製造・販売あるいは所有することを処罰（罰金あるいは5年未満の自由刑）する規定となっていた。そこで,自称・犬の訓練士,作家,ドキュメンタリー監督のロバート・スティーブンスが「ピットブル」とよばれる闘犬のビデオを販売したところ,48条の「故意の販売」にあたるとして逮捕され,2004年にペンシルベニア州西地区の連邦地方裁判所で有罪（37カ月の自由刑）となった。スティーブンスが,これを不服として控訴したところ,第3巡回区合衆国控訴裁判所は,合衆国法典第18編48条は合衆国憲法修正1条に反し,違憲であるとして,スティーブンスを無罪とし（United States v. Stevens, 533 F.3rd 218 (3d Cir. Pa. 2008).),また,連邦最高裁も,「動物

虐待描写物は保護されない言論に含まれる」とする政府側の主張を斥けて，合衆国法典第 18 編 48 条を過度に広範囲であるがために，言論の自由に対して萎縮効果をもたらすという理由で，違憲であると判断した。

11) ゲーム雑誌を発行する KADOKAWA エンターブレインブランドカンパニーは 2013 年 10 月 11 日，家庭用ゲームの 2013 年度上期の国内市場は，前年同期比 15.4% 減の 1483 億円であることを発表した。その内訳は，ゲーム機が 12.8% 減の 532 億円，ソフトが 16.8% 減の 950 億円で，ソフトのヒット作が少なかったことなどが響いたとしている。なお，上期に 1500 億円を割り込んだのは 1477 億円であった 2004 年度以来，9 年ぶりとのことである。http://www.sankeibiz.jp/business/news/131012/bsb1310120702000-n1.htm（アクセス 2013 年 10 月 13 日）。

第5講
不足の観点からみる医療

本講では，人々の健康に深く関与する医療が抱える問題を，「不足」の観点から取り上げていく。
　まず不足とはどのようなことを指すのであろうか？　これは本来必要とされる「量」が足りていない状況のことを指す。そこで，本論に入る前に，まず量や不足とはどのようなものか，それはどのような要因によって引き起こされ，どのような対応が求められるのか整理していく。そのうえで，医療にかかわる資源についてまとめ，少子高齢化が進む社会のなかでどうなっていくのか考えていく。

第1節　不足とは

　ある事象やモノを明らかにしたい場合，さまざまな視点からその対象を観察する。そして，主観的な感想や客観的な測定値などの「データ」が得られる。それらの視点を「変量」とよぶ。変量は計算が可能な「量的変量」と，そのまま計算できたとしても意味をなさない「質的変量」に分かれる。たとえばある集団に属する人々の体型を明らかにするには，その対象を観察しデータを得る必要がある。量的変量である体重を測定し得られたデータから平均値や標準偏差を計算すれば，どのような体型の集団なのか把握することができる。一方［痩せ型］［標準型］［肥満型］のような質的変量によるアンケート調査を集団に対して行った場合，その結果をもとに集団の平均値や標準偏差は求められない。しかしながら質的変量の場合でも頻度をカウントすれば量（例：痩せ型は3名，標準型は2名，肥満型は0名）にすることは可能である。

そのため量といっても量的変量によるものだけではなく，質的変量から求めたものがあるので注意しなければならない。けっして「1．北海道　2．青森県　3．岩手県」となっているからといって，北海道の1と青森県の2を足すと3の岩手県になるという解釈をしてはならない。さらに質的変量から頻度をカウントした量は，測定者の主観が含まれることが多くなるので注意が必要である。

　不足とは，ある設定に対する相対的な概念である。量の不足なので量的変量はもちろんのこと，質的変量であっても表現できる。つまり，主観にもとづいたものであっても使える便利な用語である。

　たとえば，血液検査で赤血球数を測定した場合，基準値が存在しそれと比較することで貧血などの状態を客観的に把握できる。一方，わが家の生活費不足については基準値（必要な金額）が存在しない（示せない）。そのため，筆者の家内の主観的な判断（足りている・足りていない）により，さらなる支出を毎月要請される。しかしその状態が本当に不足している状態なのか定かではない。ただ「納得」していないことだけは明らかで，1年中不足していることになっている。

　それでは，不足の要因にはどのようなものが挙げられるだろう。まず，需要に対する供給の不足を挙げる人が多いのではないだろうか。単に供給量を需要量まで引き上げれば解決する問題と考えてしまうが，需要は常に一定とは限らず，時期や天候などのさまざまな要因により変化する。そのため，供給能力そのものの引き上げや稼働率の向上だけではなく，他から融通することや代替品での対応など，需要側の特性に応じた対策を講じなくてはならない。

では，単純に供給量を需要量まで引き上げることで，この問題は解決されるのであろうか。残念ながら解決しないケースも存在する。たとえば，東日本大震災において，被災地の支援物資が必要な場所に届かなかったケースを覚えておられる方も多いと思う。これは供給側が物資を必要な場所に供給するための手段だけではなく，どの地域が物資を必要としているかの情報が不足していたことに起因したものである。

　これらの不足に対応するには，需要側が何を必要としているのか把握するだけではなく，置かれている状況がどのように変化していくのか想定すること，そして想定外の事象が起こった場合には迅速に現状を把握することが必要となってくる。いずれにしても「情報」が重要な役割を果たす。

　さて，不足さえしていなければ，私たちはさまざまな問題から解放されるのであろうか。たとえば，人間の体の60％は水分である。不足していれば当然体に良くないが，過剰に摂取しても水中毒症を呈して死に至る可能性もある。すなわち不足さえしていなければ問題がまったく生じなくなるわけでもない。過剰な状態を回避するには余剰分の廃棄や保管など何らかの処理が必要となってくるが，その能力が不足する可能性も出てくる。つまり過剰な状態は，関連する何らかの資源の消費が強制的に行われる状態であり，新たな不足と向き合う必要が出てくるかもしれない。

　では，不足への備えはどのようにすればよいのであろうか。すべての資源が不足しない状況を維持することは非常に難しいが，不足による影響が出ないようにすることは可能かもしれない。そのためには，まずどのような資源があるのか，それぞれの資源が不足するとどのような影響が出るのか理解する必要がある。

第 2 節　医療資源の現状と不足

　医療をとりまく資源にはどのようなものがあるだろうか。「資源」を辞書で調べると，「自然から得られる生産に役立つ要素。広くは，産業のもととなるもの，産業を支えているものをもいう」とある（『大辞泉 第三版』）。ここでは医療を支えていくうえで必要不可欠な人的資源と物的資源，そして社会のなかでそれらの資源を支える財的資源，そして資源を最大限に活かすための情報資源について取り上げていく。

1. 人的資源

　まず人的資源といえば，「医師」を思い浮かべる人が大半ではないだろうか。日本における医師は「医師法」で規定されている。医師国家試験に合格し，厚生労働大臣の免許を受けなければならないことが定められており[1]，だれもが自由に医師のように医療行為を行うことも[2]，名乗ることもできない[3]専門職である。自身の判断で医療行為を行えると同時に，正当な理由がないと診療拒否をしてはならない応召義務[4]や，業務上知りえた秘密を他に漏らしてはならない守秘義務[5]なども生じる。自身の行う医療行為に関してさまざまな判断が求められるだけでなく，看護師や診療放射線技師など他の医療従事者に対して指示を与える必要がある[6]など，さまざまな業務や責任が集中している職種である。

　医師数はOECD（経済協力開発機構）加盟国[7]と比較すると，年々増加しているものの，2010年時点で人口1000人あたりの医師数（Practising physicians（doctors））は2.2人[8]と少ない。そして，2013年度時点での国内の医師養成機関は，79大学と防衛省所管の防衛医科大学校のあわせて80施設あるが，1979年の琉球大学医学部を最後に新設されていない。しかしながら総定員は増加しており2007年度では79大学で7625人だったものが，2013年度には9041人となった。この間の総定員の増加分は1416人で，医師養成施設の定員を100名とすると約14施設分に相当するが，医師の養成には時間を要するため現時点（2013年）において，その効果はまだ十分現れていない状況である[9]。

医師不足の問題は，単に医師数の話だけではなくどのように活躍しているのかについても考えなくてはならない。まず，医師は勤務地や診療科の選択に制限を受けることは基本的にない。そのため医師の多い地域もあれば，少ない地域もある。そして診療科においても同様に多い診療科もあれば，少ない診療科もある。これらは，それぞれ「地域偏在」「診療科偏在」とよばれ，絡み合った状態で医師不足の問題として現れる。その対策として，医学生や臨床研修医の時点で本人や家族の意向だけではなく，地方自治体などの意向を反映させた地域枠制度や奨学金制度を設定し，それぞれの地域において必要とされる医師の確保を目指している[10]。

医療従事者は医師以外にもさまざまなものがある。さて，患者が病院や診療所で一番多く見かけている職種は何だろうか。医師よりも看護師が圧倒的に多いはずである。表1は日本国内の医療施設に勤務する従事者数を職種別にとりまとめたものである。病院に勤務する看護師・准看護師はそれぞれ常勤換算で704,626.7人，153,690.6人，一般診療所に勤務する看護師・准看護師は94,412.2人，82,549.4人である。非常に多くの方が従事しているが，病

表1 職種別にみた施設の常勤換算従事者数

(単位:人) 平成23 (2011) 年10月1日現在

	病院 総数	病院 精神科病院(再掲)	病院 一般病院(再掲)	病院 医育機関(再掲)	一般診療所	歯科診療所
総数	1 909 736.9	170 731.7	1 738 933.6	188 388.4	728 665.7	313 015.4
1 医師	199 499.2	8 832.3	190 662.4	45 402.9	119 873.1	127.4
2 常勤	159 974	6 337	153 634	37 629	97 079	65
3 非常勤	39 525.2	2 495.3	37 028.4	7 773.9	22 794.1	62.4
4 歯科医師	10 112.1	130.7	9 981.4	7 118.2	1 977.6	93 007.2
5 常勤	8 106	50	8 056	5 734	1 157	81 460
6 非常勤	2 006.1	80.7	1 925.4	1 384.2	820.6	11 547.2
7 薬剤師	42 802.9	3 064.8	39 735.1	4 875.8	6 359.1	638.4
8 保健師	4 747.7	68.3	4 679.4	870.5	5 049.0	-
9 助産師	20 121.9	1.8	20 120.1	3 023.6	5 783.6	-
10 看護師	704 626.7	50 210.7	654 396.9	81 148.1	94 412.2	565.4
11 准看護師	153 690.6	33 129.3	120 551.2	550.3	82 549.4	238.6
12 看護業務補助者	196 894.2	30 660.8	166 219.6	5 176.8	31 900.4	-
13 理学療法士 (PT)	51 800.1	166.0	51 634.1	1 509.3	9 820.7	-
14 作業療法士 (OT)	33 020.5	5 708.3	27 312.2	687.3	2 406.8	-
15 視能訓練士	3 435.8	-	3 435.8	674.8	3 382.9	-
16 言語聴覚士	10 650.5	25.9	10 624.6	433.3	805.7	-
17 義肢装具士	63.7	-	63.7	-	74.3	-
18 歯科衛生士	4 636.7	122.8	4 513.9	1 000.0	1 626.7	92 874.5
19 常勤	-	-	-	-	-	71 134
20 非常勤	-	-	-	-	-	21 740.5
21 歯科技工士	750.3	4.8	745.5	339.7	207.5	10 832.0
22 常勤	-	-	-	-	-	9 949
23 非常勤	-	-	-	-	-	883.0
24 歯科業務補助者	-	-	-	-	-	82 798.9
25 診療放射線技師	39 629.2	509.6	39 118.6	4 613.8	9 476.7	-
26 診療エックス線技師	244.4	21.4	223.0	1.0	1 197.2	-
27 臨床検査技師	49 772.1	948.9	48 822.2	6 855.0	12 686.4	-
28 衛生検査技師	141.6	3.0	138.6	36.0	370.1	-
29 臨床工学技士	14 585.8	9.0	14 576.8	1 569.7	5 415.2	-
30 あん摩マッサージ指圧師	2 103.2	20.8	2 082.4	25.7	4 055.2	-
31 柔道整復師	564.8	3.0	561.8	2.6	3 525.9	-
32 管理栄養士	18 824.3	1 969.6	16 852.7	1 060.7	·	-
33 栄養士	5 486.7	996.2	4 489.5	233.9	7 286.4	-
34 精神保健福祉士	7 722.6	5 593.1	2 129.5	100.9	1 667.5	-
35 社会福祉士	6 767.3	61.7	6 704.6	295.4	2 630.3	-
36 介護福祉士	34 942.4	2 293.0	32 649.4	78.0	31 646.3	-
37 その他の技術員	16 692.1	2 353.5	14 338.6	1 326.1	10 450.3	-
38 医療社会事業従事者	8 838.7	763.6	8 075.1	309.0	1 846.7	-
39 事務職員	185 824.7	10 677.1	175 140.0	15 481.0	206 429.9	26 144.7
40 その他の職員	80 744.1	12 381.1	68 354.9	3 589.0	63 752.6	5 788.3
前年 (平成22年) 調査						
1 医師	195 368.1	8 819.2	186 544.4	44 147.0	-	-
2 常勤	157 166	6 392	150 771	36 771	-	-
3 非常勤	38 202.1	2 427.2	35 773.4	7 376.0	-	-
4 歯科医師	10 202.8	135.9	10 066.9	7 218.0	-	-
5 常勤	8 248	55	8 193	5 869	-	-
6 非常勤	1 954.8	80.9	1 873.9	1 349.0	-	-
7 薬剤師	43 294.5	3 101.2	40 190.5	4 870.6	-	-
8 保健師	4 676.5	65.4	4 611.1	787.2	-	-
9 助産師	19 224.3	2.7	19 221.6	2 827.4	-	-
10 看護師	682 603.9	49 504.7	633 081.4	78 211.9	-	-
11 准看護師	161 125.8	34 404.1	126 711.1	698.0	-	-
18 歯科衛生士	4 519.2	127.2	4 392.0	994.1	-	-
21 歯科技工士	758.6	5.0	753.6	333.4	-	-

(厚生労働省大臣官房統計情報部「厚生労働省の医療施設 (静態・動態) 調査・病院報告」平成23年)

院では看護師が准看護師よりもかなり多いのに対し，一般診療所ではあまり差がみられない。

　看護師および准看護師は医師と同じく，法律によって業務や義務など規定されている。看護師は医師と同じく厚生労働大臣の免許を受ける[11]のに対し，准看護師は都道府県知事の免許を受ける[12]。看護師および准看護師はともに保健師助産師看護師法において業務や義務などが規定されているが，同法の題名は2001年に成立し，2002年に施行された。以前は「保健婦助産婦看護婦法」であったものを変更している。内容についても現行法では「者」と記載されている部分が「女子」と記されていたなど，男女共同参画社会の実現に向けた改正であった。

　看護師の需給状況は，厚生労働省「第七次看護職員需給見通しに関する検討会報告書」によると，2011年時点では5万6000人看護職員が不足しているが，2015年には不足数が1万4900人まで減少すると試算されている。

　医師が6年制の大学[13]で育成されるのに対して，看護師・准看護師はさまざまな育成ルートをもつ。看護師は，高校を卒業後4年制大学，4年制専門学校，3年制短期大学，4年制専門学校，3年制専門学校の看護課程に進学するケースのほかに，高校・専攻科5年の一貫教育もあるなど修業年数や学校種もさまざまである。准看護師は中学校卒業後2年制の准看護師養成所や，3年制の高等学校の衛生看護科などで養成される。さらに，准看護師になった者は一定の条件を満たした上で，指定大学，指定学校又は指定養成所において2年以上修業することで，看護師国家試験の受験資格を得られる。2008年時点での看護師の養成所の入学定員は5万6619人，准看護師は1万2853人である[14]。看護師を育成する大学が増加の傾向にある。

そして，人的資源を考えていく上で欠かせない要素として性別が挙げられる。2012年の総務省「就業構造基本調査」によると，すべての産業を含めた有業者数の男女比は132.8（女性100人あたりの男性の数）と男性の有業者数が多いが，1992年以降減少している。一方，2010年総務省「国勢調査」によると国民全体の人口性比は94.8と女性のほうが多いが，生産年齢人口（15歳以上65歳未満）に限ると100.8とわずかに男性が多い。しかし医療・福祉分野に限定すると，その男女比は31.3と圧倒的に女性が多い。そのなかでも看護師の女性の割合は95％と諸外国と比較しても高い[8]。一方医師に関しては，男女比が427.8[15]と極端に男性が多い。このように保健医療は圧倒的に女性により支えられている職場でありながら，そのなかでさまざまな業務や責任が集中する医師は男性が圧倒的に多いという特殊な状況であることが，これらのデータから読み取れる。

　ここまで医療従事者について述べてきた。しかし，人的資源は医療機関に勤務する人々だけではない。患者自身およびその家族や地域の人々も資源である。直接的な医療行為ではなく，受療行動に関する啓発など，情報提供・教育を中心とした活動が地域で行われている。兵庫県にある「県立柏原病院の小児科を守る会」においては，「コンビニ受診を控えよう」「かかりつけ医を持とう」「お医者さんに感謝の気持ちを伝えよう」という3つのスローガンを掲げ，勉強会・講演や受診の目安となるチャート図の作成・配布を行っている[16]。

2. 物的資源

　医療をささえるモノには，最適な環境を構築するのに必要な施設そのもの

から，診断や治療に用いる医療機器，そして医薬品などがある。

医療施設には病院・診療所・歯科診療所があり厚生労働省が定期的に実数の把握を行っている（表2）。

一般診療所と病院の違いは，医療法で定められており，入院ベッドの数で決まる。20床以上は病院，19床以下の場合は有床診療所，無床の場合は無床診療所となる。

病院は年々減少傾向にあり平成24年時点で8565施設，一般診療所は増加傾向にあり10万152施設であることがわかる。ただしそのなかでも有床診療所は減少しており，無床診療所が増加している。

表2　施設の種類別にみた施設数

	平成24年10月1日現在	増減数						平成23年10月1日現在
			（平成23(2011)年10月～平成24(2012)年9月）					
			増		減		種類の変更	
			開設	再開	廃止	休止		
病　院	8 565	△ 40	96	2	133	5	・	8 605
精神科病院	1 071	△ 5	7	-	9	-	△ 3	1 076
結核療養所	1	-	-	-	-	-	-	1
一般病院	7 493	△ 35	89	2	124	5	3	7 528
一般診療所	100 152	605	4 922	216	4 047	486	・	99 547
有床	9 596	△ 338	83	28	142	53	△ 254	9 934
無床	90 556	943	4 839	188	3 905	433	254	89 613
歯科診療所	68 474	318	1 633	70	1 243	142	・	68 156
有床	37	△ 1	-	-	1	-	-	38
無床	68 437	319	1 633	70	1 242	142	-	68 118

（厚生労働省「医療施設調査結果の概要」平成24年）

日本の医療施設の特徴として，自由開業制で自由標榜制であることが挙げられる。そのため，開設者は場所や診療科を自由に定めることが可能である。身内の例で恐縮であるが，筆者の父は長年外科医として公的病院に勤務していたが，退職後に内科・外科・リハビリテーション科を標榜する医院を開設し，医師1名と看護師で診療業務を行っていた。

　一方患者も，受診する医療機関を自由に選ぶことができる（フリーアクセス）が，患者にとってメリットが多いもののドクターショッピングなどの問題を起こす原因にもなっている。これは主治医以外の医師の意見を聞くセカンドオピニオンが，患者の権利として一般に浸透したことも大きいと考えられる。両者の大きな違いはセカンドオピニオンでは，主治医から相談を受ける医師に診療情報の提供がなされるが，ドクターショッピングでは，主治医が状況を把握できないためそのような連携が困難なことである。

　フリーアクセスを発端とする問題に，患者が大規模な病院に集中してしまうこともあげられる。そこで健康保険法では，病床数200床以上の病院は，他院から紹介状をもたない患者が診察を受けるときは保険外併用療養費（選定療養）として，それぞれの病院が定めた費用を徴収する制度が定められている。たとえば奈良県立医科大学附属病院（978床）においては初診時に3150円を算定している（2013年11月現在）。

　医療機器には聴診器のように医師や看護師が普段から身につけているものもあれば，人工心肺装置や放射線を腫瘍の部分に照射する放射線治療装置などの大規模な設備までさまざまである。

　国際的な比較をすると，日本は医療機器の市場規模がアメリカについで第2位である[17]。またMRIやCTなどの保有台数も100万人あたりでみると

諸外国と比較しても非常に多い[8]。これらの医療機器の販売・利用については諸外国でそれぞれ規制がなされており，日本では PMDA（独立行政法人医薬品医療機器総合機構）が薬事法にもとづき承認審査を行っている[18]。

医薬品についても医療機器と同様に薬事法によって規制されている。近年は特許の切れた医薬品を他のメーカーが後発医薬品（ジェネリック医薬品）として製造・販売するケースが増えてきている。また医薬分業が進み，従来は医療施設内で調剤し処方するケースが多かったが，近年では病院で発行した処方箋を病院外の薬局にもっていき処方してもらう院外処方に変わっている。

3. 財的資源

日本の医療における財の特徴に国民皆保険制度が挙げられる。これは1961年に達成され，医療費についてあまり心配することなく医療を受けることができるようになった[19]。国民医療費は年々増加の傾向を示しており2011年度は38兆5850億円であった[20][21]。そのなかで公費が14兆8079億円投入されている[20]。国民医療費の増加の理由について厚生労働省は高齢化や医療技術の進歩などを挙げている[22]。

一方の医療機関についても，医療法により非営利の組織とされている特徴をもつ[23][24]。しかしながら，実際には営利法人が開設し運営する医療施設も存在する。これは，医療法成立以前に開設されていたものだけではなく，逓信病院など民営化に伴い株式会社の運営する病院となったケースもある。また近年では構造改革特別区域法第18条にもとづき，営利法人により設立された医療施設も存在する。

アメリカでは営利法人による病院経営がなされており，営利病院によるものは非営利と比較してマーケティング戦略に優れ，コストの効率や医療の質に違いは見られないが，一方で支払い能力の不足した患者に対するクリームスキミング[25]が見られたとの分析結果がある[26]。

4. 情報資源

病院で発生する情報と聞けば「カルテ」と答える人が多いのではないだろうか。正式には診療録とよばれ，医師法第24条に「医師は，診療をしたときは，遅滞なく診療に関する事項を診療録に記載しなければならない」と診療録への記録が法的に定められている。さらに5年間保存することも定められている。しかし診療で発生した情報すべてが診療録に記載されるわけではない。たとえば胸部X線検査[27]の写真や，看護記録などは，診療に関する諸記録[28]とよばれ，これらも保存期間が定められている[29]。

一般社会の電子化が急速に進んだことと同様に，診療録を含む医療情報の電子化も電子カルテシステムの導入により進みつつある。2012年時点で全病院の18.7%にあたる1607施設がシステムを導入しており[30]，今後も増加傾向にあることから発生・蓄積する診療情報のデジタル比率は一層高まっていく。診療情報の電子化は記録スペースの問題や保管場所の分散化を可能にするなど保管やそのデータの分析・運用に関してはメリットが多い。しかしながら，データ入力や閲覧性など入出力インターフェイスに関する検討だけではなく，電子保存するにあたって求められる3基準「真正性」「見読性」「保存性」を確保する必要もある[31]。真正性とは「正当な権限において作成された記録に対し，虚偽入力，書き換え，消去及び混同が防止されており，

かつ，第三者から見て作成の責任の所在が明確であることである。なお，混同とは，患者を取り違えた記録がなされたり，記録された情報間での関連性を誤ったりすること」，見読性は「電子媒体に保存された内容を，権限保有者からの『診療』，『患者への説明』，『監査』，『訴訟』等の要求に応じて，それぞれの目的に対し支障のない応答時間やスループットと操作方法で，肉眼で見読可能な状態にできること」，保存性は「記録された情報が法令等で定められた期間に渡って真正性を保ち，見読可能にできる状態で保存されること」[32]であり，紙媒体であれば達成されていた内容である。診療で発生した情報の活用は，電子化のメリットを活かした大量のデータを分析することで，一層進んでいくであろう。

一方，患者の意思決定のためにもこれらの情報は利用されている。いわゆる「インフォームドコンセント」であるが，これは医師が診療の内容や今後の治療について患者に説明し意志を確認するものである。そこにおいて問題となるのが情報の非対称性である。医療においては，医療従事者側と患者側のもつ情報に差が生じる状況を指す。そもそも情報量はデータを受け取る側の特性に依存するものであり，誰もが同じデータから同じ情報を得られるわけではない[33]。さらに情報の非対称性は，エージェンシー・スラックをもたらす可能性があることを指摘されている[34]。医療行為における医療提供側は，準委任契約を結んでいると一般的に解釈されており[35]，民法において「善良な管理者としての注意義務」が生じる。また，意思決定のプロセスにおいては旧来パターナリスティック[36]な意思決定の代行が行われてきた。そして1980年代後半からそれまでのパターナリズムをベースとした医療から，インフォームドコンセントをベースとした医療に変化していった[37]。

現在ではインターネットの普及により，患者はさまざまな医療情報を比較的簡単に得ることができるようになった[38]。さらに，携帯電話，スマートフォンの普及，SNS（Social Networking Service）の普及などにより，ネット空間上で気軽に医療に関する相談を医療の専門家だけではなく，さまざまな立場の人とコミュニケーションすることが可能になり，必要とされる情報を入手することが可能となった[39]。しかし，それで情報の非対称性が解消されたわけではない。

第3節　少子高齢化社会に備える医療資源

　日本は少子化が進み，2025年には人口が1億2000万人を割ると推計されている[40]。さらに団塊の世代が高齢期を迎えるため，今後高齢化率は上昇していく[41]。それは患者だけではなく医師・看護師など人的資源全体の高齢化であり，人的資源不足は一層深刻なものとなる。

　高齢化に伴う医療ニーズの変化へ対応する医療提供体制については，社会

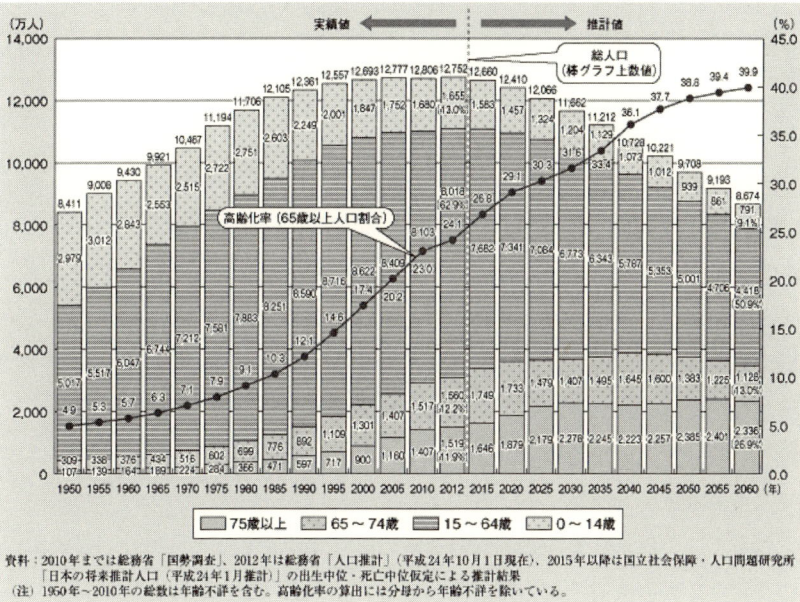

図1　高齢化の推移と将来設計（「平成25年版高齢社会白書（内閣府）」より）

保障制度改革国民会議が報告書[42]にて,
- 「病院完結型」の医療から「地域完結型」への転換
- 「フリーアクセス」は「いつでも,好きなところで」から「必要なときに必要な医療にアクセスできる」へ
- 急性期医療を中心にした人的・物的資源の集中投入
- 「ご当地医療」の必要性の認識
- 国民の健康の維持増進,疾病及び早期発見の促進
- 総合診療医の地域医療における重要性
- 医療職種の職務の見直し

に関する提言を行っている。これからの日本の医療は高齢社会と向き合いながら,医療資源の不足を補う医療を展開しなくてはならないことがわかる。そのポイントは従来の「病院」をベースとした医療から「地域」をベースとした医療への転換である。

地域医療とは「地域の住民として納得する医療」を目指すものであり,「患者として健康から逸脱した状態からの回復」を目指すものとは異なると筆者は考えている。地域の偏在は,地域間で指標を相互比較した結果であり,異なる地域でまったく同じ値がでる可能性を念頭に置くと,これから先も完全に解消されるとは考えにくい。また,一義的な基準値を設け,その基準を満たした地域であれば問題なく医療を提供できていることにもならない。必要なことは,住民が地域の特性や各々が抱える健康問題を含めたうえで納得できる医療環境を構築することである。

さらに,これから先の人的資源を考える点で注意しなくてはならないものに,新たな医療機器などの物的資源の導入や医療技術の進歩が人的資源の不

足につながる問題がある。たとえば，医用画像の領域におけるCTを考えてみよう。CTが実用化されるまでは，生体の輪切り画像を得ることは困難であった。今までにまったくない情報を得ることで診断能の向上に寄与したのだが，さらにCTの高機能化が進み，断層像のみならず3D画像も作成が可能になるなど，多くのデータを短時間に得ることを可能にした。しかしながらこれらのデータから，診療に必要な情報を引き出すには，トレーニングされた放射線科医による読影が必要となる。技術の進歩により大量の診療データが得られる医療検査機器の導入は，医療の質の向上をもたらす可能性を与えるが，その実現には人的資源を確保しなくてはならない。

　過去を振り返ると，さまざまな技術の発展は医療の発展に寄与するとともに医療従事者の果たすべき役割を増加させ，人工心肺装置などの機器装置の適切な管理運用を行う臨床工学技師のような新たな医療職種も誕生した。また，救急救命士の特定行為に気管内挿管が加えられたように，よりよい医療を行うために，法律で定められている業務範囲も見直されている。

　そして医師不足への対策としては，現在厚生労働省が特定の医行為について，看護師が所定の研修を終えることを条件として行えるよう，制度の検討を行っている。このように今後チーム医療におけるスタッフ個々の役割は高度化し補いあう関係が一層強まっていくものと考えられる。

第4節　医療資源を補う情報通信技術の活用

　本講では，人々の生活に必要不可欠な医療における資源の現状とその未来について取り上げた。どのような資源があるのか，そしてそれぞれが相互に影響を及ぼす関係になっていることを明らかにできたことと思う。

　医療は常に変化していくが，そのなかで資源不足に備えることは非常に難しく，その質を担保するには現実問題として何かを割り切ることなしには達成困難かもしれない。そして医療のなかでどうしても割り切りにくいものに人がある。

　では，人を割り切ることなく，地域の住民が納得する医療が提供される環境の構築は可能なのであろうか？　少子高齢化社会を迎えるわが国においては，情報通信技術を活用し物理的・時間的障壁を突き抜けられる情報の世界と融合していくことで，割り切れない部分を繋げて回避して，納得できる医療の実現に近づくと筆者は考えている。

　たとえば医療提供側は，医療施設間を繋ぐことで（限定的ではあるが）人的資源を増やすことができる。診断医のいる遠隔地に放射線画像を伝送し診断する遠隔画像診断（テレラジオロジー）や，遠隔地の医療機関との症例検討会議（テレカンファレンス）などが実際に行われている。さらに地域によっては，病院・診療所が情報ネットワークで診療情報を共有し，繋がりをもった医療を提供している。

　一方，医療の中心にいる患者もこれまで家族や地域の人々，そして同じ疾病をもつ患者の会などでの繋がりがあった。そして近年のブログやSNSな

どの普及は，健康な人からさまざまな疾患にかかった方まで広範囲な情報のやり取りが行われるようになってきた。発信される情報も社会で起こっている事件に関する私見や日常のたあいもない話，そして診断を下された後の心境や診断の内容までさまざまである[43]。このような話は従来，生活で繋がりをもつ身近な人との間で交わされるもので，それゆえ客観的に理解することは難しい面もあった。情報の世界では，生活で繋がりをもたない人の日常や考えていることを知ることができるが，その人の背景がわからないだけに客観的に理解しやすい。さらに自身の困惑している状況や思いを発信すれば，客観的な意見や有用な情報を，生活で繋がりをもたない誰かが提示してくれる可能性がある。その結果，自身のおかれている状況を冷静に把握し，納得する医療の実現に必要な行動や選択に繋がるのではないだろうか。

　医療従事者も患者も同じ地域の住民である。さまざまな制約のなかでの医療は，割り切れない想いをもつ状況に陥ることは避けられない。割り切ることで成立しているデジタル情報の世界が，その割り切れない想いを救える希望であると信じている。

注
1) 医師法第2条
2) 業務独占という。医師法第17条　医師でなければ，医業をなしてはならない。
3) 名称独占という。医師法第18条　医師でなければ，医師又はこれに紛らわしい名称を用いてはならない。
4) 医師法第19条　診療に従事する医師は，診察治療の求があつた場合には，正当な事由がなければ，これを拒んではならない。
5) 刑法第134条　医師，薬剤師，医薬品販売業者，助産師，弁護士，公証人又はこれらの職にあった者が，正当な理由がないのに，その業務上取り扱ったことについて知り得た人の秘密を漏らしたときは，6月以下の懲役又は10万円以下の罰金に処する。
6) たとえば看護師の場合，保健師助産師看護師法第37条において「保健師，助産師，看護師又は准看護師は，主治の医師又は歯科医師の指示があつた場合を除くほか，診療機械を使用し，医薬品を授与し，医薬品について指示をしその他医師又は歯科医師が行うのでなければ衛生上危害を生ずるおそれのある行為をしてはならない。ただし，臨時応急の手当をし，又は助産師がへその緒を切り，浣腸を施しその他助産師の業務に当然に付随する行為をする場合は，この限りでない」となっており，医師の指示を必要とする。

   診療放射線技師に関しても，診療放射線技師法第2条第2項において「この法律で「診療放射線技師」とは，厚生労働大臣の免許を受けて，医師又は歯科医師の指示の下に，放射線を人体に対して照射（撮影を含み，照射機器又は放射性同位元素（その化合物及び放射性同位元素又はその化合物の含有物を含む。）を人体内にそう入して行なうものを除く。以下同じ。）することを業とする者をいう」と，医師の指示を必要とする。他の医療職種についても同様な条文が存在する。
7) OECDは民主主義と市場経済を支持する諸国が活動を行っている国際機関

で，データの収集・予測などを行っている。加盟国は，2013年時点で34カ国ある。OECD概要（OECD東京センター）http://www.oecdtokyo.org/outline/about01.html より（最終アクセス日 2013 年 12 月 18 日）

8) OECD.Stat Extracts（http://stats.oecd.org）より（最終アクセス日 2013 年 12 月 18 日）
9) 医師の養成には6年制の教育機関による医師養成課程だけではなく，医師法第16条の2において2年以上，医学を履修する課程を置く大学に附属する病院又は厚生労働大臣の指定する病院において，臨床研修を受けなければならない。そのため，最短でも8年間を必要とする。つまり 2014 年 3 月に臨床研修を終える医師は，最短で 2006 年 4 月入学となり，2013 年度時点ではここで示した定員増加の効果は現れていない。
10) 各都道府県が独自に奨学金の貸付や返済を免除する条件を設けており，特定の地域における従事だけではなく診療科についても定めている場合がある。たとえば奈良県の医師確保修学研修資金貸与制度では，「医師の確保が困難な県内の地域に所在する医療機関又は医師の確保が困難な診療科等」で医師として将来従事しようとするものを対象としている。返還債務の免除条件として，貸与を受けた期間の2分の3に相当する期間，指定する医療機関で医師としての業務に従事することとなっている。
11) 保健師助産師看護師法第5条　この法律において「看護師」とは，厚生労働大臣の免許を受けて，傷病者若しくはじょく婦に対する療養上の世話又は診療の補助を行うことを業とする者をいう。
12) 保健師助産師看護師法第6条　この法律において「准看護師」とは，都道府県知事の免許を受けて，医師，歯科医師又は看護師の指示を受けて，前条に規定することを行うことを業とする者をいう。
13) 防衛医科大学校は，文部科学省管轄の大学ではないため学校より学位（学士，博士）を出せないが，大学評価・学位授与機構から審査にもとづき授与される。
14) 「大学における看護系人材養成の在り方に関する検討会」資料　看護に関す

る基礎資料より。
15) 平成22（2010）年医師・歯科医師・薬剤師調査より，女性5万5897人　男性23万9152人。
16)「こどもを守ろうお医者さんをまもろう」県立柏原病院の小児科を守る会 http://mamorusyounika.com（最終アクセス日2013年12月18日）
17) みずほコーポレート銀行産業調査部「医療機器メーカーの成長戦略——日本のものづくり力を活かした海外展開による競争力強化」Mizuho Industry Focus Vol. 111
18) 余談だが，薬事法では動物用の医療機器に関しても規定されている。
19) 国民すべてが保険に加入しているが，その種類はさまざまである。国民健康保険，組合管掌健康保険，全国健康保険協会管掌健康保険，公務員や私立学校教職員の共済組合などがある。
20) 平成23年度「国民医療費」（厚生労働省大臣官房統計情報部）
21) 集団健診・検診費や予防接種，美容整形費などは含まれない。
22) 厚生労働省『平成25年版　厚生労働白書』
23) 医療法第7条5　営利を目的として，病院，診療所又は助産所を開設しようとする者に対しては，前項の規定にかかわらず，第1項の許可を与えないことができる。同第54条　医療法人は，剰余金の配当をしてはならない。
24) 医療機関が医療を継続・発展させるために利益を上げるのは当然許される。
25) 収益性の高い部分のみ局所的にすくい取る行為。ショートケーキの甘いクリームの部分だけを食べる状況をいう。
26) 遠藤久夫『営利法人の病院経営のパフォーマンスに関する考察——米国の先行研究のサーベイを中心に』
27) 胸部レントゲン検査とよばれることもある。X線を発見した人物，ヴィルヘルム・コンラート・レントゲンに由来したもので，「レントゲン」は放射線の量を示す照射線量Rの単位でもある。
28) 医療法施行規則第20条第10号　診療に関する諸記録は，過去2年間の病院日誌，各科診療日誌，処方せん，手術記録，看護記録，検査所見記録，エッ

クス線写真，入院患者及び外来患者の数を明らかにする帳簿並びに入院診療計画書とする．

29) 医療法施行規則の他に，保険医療機関及び保険医療養担当規則第9条で「保険医療機関は，療養の給付の担当に関する帳簿及び書類その他の記録をその完結の日から3年間保存しなければならない．ただし，患者の診療録にあつては，その完結の日から5年間とする」と定められている．
30) JAHIS　オーダリング電子カルテ導入調査報告 2012年版（平成24年）
31) 平成11年4月の厚生省通知「診療録等の電子媒体による保存について」
32) 「医療情報システムの安全管理に関するガイドライン第4.1版」（厚生労働省）．
33) 対象を観察・測定して得られたものがデータ．データに意味を付与したものが情報となる．
34) これは依頼主よりも依頼先の方が得ている情報が多い状況にある場合，本来依頼先は依頼主の利益を尊重しなくてはならないが自身の利益を優先した行動をとることである．
35) 「医療契約論——その実体的解明」The Seinan Law Review, Vol. 38, No. 2 (2005) では，雇用契約説，請負契約説，準委任契約説，混合契約説，無名（非典型）契約説を挙げているが，そこでは準委任契約説が一般的であるとしている．また，混合契約説，無名（非典型）契約説についても準委任契約が含まれているものが多いとしている．
36) パターナリスティックとはパターナリズム（父権主義）の形容詞で「父権主義的な」という意味をもつ．父権主義とは本人の意思や意向よりも，介入する側の意思や意向を優先して物事を決定する主義のことである．しかしながら，介入する側は本人の意思や意向をまったく無視しているわけではなく，それらを考慮し，本人の利益になるよう物事を決定している（はずである）．
37) 日本医師会会員の倫理向上に関する検討委員会「医の倫理綱領　医の倫理綱領注釈」より．パターナリズムベースの医療では，患者の状況を把握したうえで医療提供者側が処置について判断するものであった．インフォー

ムドコンセントにもとづく医療では，患者は医療提供者側から十分な説明を受け理解したうえで，自身のおかれている状況や考え方を併せもって意思決定を行う。

38) たとえば WEB サイト「Q-life」(http://www.qlife.jp) では，病院の情報や病気に関する情報を入手できる。他にも厚生労働省の WEB サイト (http://www.mhlw.go.jp/) では各種統計調査データや白書も閲覧できる。

39) Communication Network Analysis in Maternity Hospital Bulletin Board System, Shunji Suto, Nobuyuki Ashida, Terumasa Higashi, Hideo Takemura, Koji Kurimoto and Shiro Yorifuji, Journal of Medical Systems 31 (2), P.141-148, 2007
産婦人科病院の web サイトにおいて，BBS (bulletin board system) による患者のコミュニティを構築した。そこでは患者が妊娠出産していく上での疑問点や足りない情報を補っていたが，最終的には患者同士（経験者と非経験者）のなかでコミュニケーションがなされていった。

40) 内閣府『平成 25 年版　高齢社会白書』

41) 厚生労働省保険局　「『医療費等の将来見通し及び財政影響試算』のポイント」

42) 厚生労働省医政局指導課在宅医療推進室　「在宅医療の最近の動向」

43) たとえば，検査データや診断書を掲載し病気と向き合っている姿勢を伝えたブログ（ガンファイター氏 (http://melit.jp/voices/fight/)），病気と向き合っていることをまったく感じさせなかった twitter（金子哲雄氏 (https://twitter.com/GEKIYASUO)），そしてある日ガンの告知を受けた twitter（宮迫博之氏 (https://twitter.com/motohage)）が挙げられる。筆者も日々情報を発信しているが (http://www.medbb.net)，現時点では健康で特に自身の体調について意識的に情報発信していない。しかし，いつ病気になるとも限らない。そのときにどのような情報をネット上にあげるか決めていないが，それまでに残されていた情報を遡ることでなにか見えてくるのかもしれない。

第6講
自分史に記された移動の記憶
──昭和前期，昭和後期，平成の時代──

第1節　問題提起

　この講では，幾つかの自分史を取り上げ，「人の移動」に関わる意識，記憶のあり方を考えてみたい。まず，問題提起として，筆者が以前，2013年2月20日付で，勤務校の国際文化学科HPの「人間学への招待」というコラム欄に載せた文章を引用する。

　30年程以前のことになるが，国立民族学博物館の東ヨーロッパの展示コーナーでジプシー（ロマ）たちのすみかである「ルーロット（家馬車）」を見たことがある。綺麗な内装が施されたそのキャンピングカーのような乗り物の説明文に，「主人が死ぬと，この馬車は燃やすことになっている」という風なことが書かれてあり，軽いショックを受けた覚えがある。私の脳裏に浮かんだのは，多分，その頃学んだ日本民俗学の本に取り上げられていた，九州，瀬戸内海の漁民の生業のための家産，「家船（えぶね）」の扱いとの相違であったと思う。漁業を生業とし，近世に至るまであるいは明治期に至るまで，ほとんど海上の船で家族が生活を成していたこの漂泊民の人たちは，移動する生活という点では，「ルーロット（家馬車）」で各地を移動するジプシー（ロマ）の人たちと似ている。しかし，移動手段，生活資産に対する扱いがまるで違う。一方は，焼却してしまう。他方は，末子相続と言って，一番末の子に家産として譲り渡すのである（竹田旦，1970，「家」をめぐる民俗研究）。
　つい最近，私のこの軽いショックに答えてくれる文章に巡り合った。その著者は，ジプシー（ロマ）の「ルーロット（家馬車）」焼却のことを述べ，

続けて，次のようなエピソードを紹介している。「昨今，巷で問題になりがちな『遺産相続』のはなしどころではない。ピカソが，ある時，意気投合したジプシーに，自分の傑作を贈ろうとしたところ，そのジプシーは『もつことは，わたしたちのならわしではありません』と，その絵の値打ちはよく知りながら返したという」。ここには，移動することそのものを生活とする民の哲学が表わされている（片倉もとこ，1998，「移動文化」考）。

　ところで，上に紹介した内容は，学問分野で言えば，日本民俗学，文化人類学による知見である。私は，社会学を専攻している。社会学は，人の移動に関してどのようなスタンスを取ってきただろうか。社会学においては，これまで「人の移動」を真正面から取り組んで来なかったという言説もある。しかし，グローバル化が日常化している今日，社会学が人の移動に目を向けないでは，すまされない。事実，ここ十数年，人の地理的移動をテーマとした社会学的研究は盛んになって来ている。また，それ以前においても人の移動に関する優れた研究が無かったわけではない。

　問題は，人の移動を研究テーマとする時，社会学はどのような独自の視点を持ちうるかである。私は，一つの重要な視点は，「国民国家（一ネーション・一言語・一国家）」を焦点に据えることであると思っている。日本という国民国家の近代化，現代化における国民国家形成過程での人の移動と国民国家を越境する人々の移動について見てみることである。

　前者について例を見れば，「故郷に錦を飾る」と青雲の志を抱いて上京した若者の動向もあれば，郷党閥，学校閥という「第二のムラ」（神島二郎）によって利害的，情緒的に守られた人々もいる。また，「向都離村」「故郷喪失」という言葉も社会学者に一般的に受け入れられている。

後者の例について言えば，1980年代以降，エルドラド（黄金の国）日本にやって来た外国人労働者，移住者の人々の移動。沖縄（琉球）から日本本土（？）に移動した人々のアイデンティティの問題がまず想起される。しかし，国民国家を越境する人々の問題は，現代に特化した問題ではない。明治41年，笠戸丸に乗ったブラジル移民とそれ以降のブラジル移民は，「大和民族の発展」のため渡航を勧められている（富田仁編　2008　事典 日本人の見た外国）。あるいは，「五族協和」（漢民族・満州民族・朝鮮民族・日本民族・蒙古民族の共和）のスローガンの元，満州国という幻想の国民国家建国のために海を渡った人々もいる。いずれも国策に夢を託して海を渡ったのである。

　人は，自分の移動についてとりわけ重い意義付けをしない場合もあれば，逆に重要なる使命を胸に秘める場合もある。アメリカの西部開拓，フロンティア精神とは，「神が我々に分け与えられ給うたこの大陸」に我々が進出していくのは「明白なる天命（マニフェスト・デスティニー）」であるというイデオロギーに支えられた（山里勝己編著　2011　〈移動〉のアメリカ文化学）。また，上に記した「五族協和」とは，日本の歴史において，満州国建国の理念，イデオロギーであった。この二つの出来事の歴史的評価は別にしても，両者とも国民国家形成を正当化するイデオロギーであったことに変わりはないのである。

（注）「ジプシー」という表記については，片倉もとこ　1998　「移動文化」考　岩波書店に依った。

移動研究，グローバリゼーション研究を専門とする社会学者，伊豫谷登士

翁は,「グローバリゼーションを対象とする研究は,たんに国民国家という境界を揺るがす現代の諸事情を解き明かすだけでなく,国民国家をつくりあげてきた近代世界の抱え込む課題をも明らかにする作業である。人の移動は,そうした作業に切りこむ一つの入り口であると考えている」(2007) と述べている。蘭信三は,『帝国以後の人の移動——ポストコロニアリズムとグローバリズムの交錯点』という編著を編み,日本帝国形成時の移民と帝国崩壊後の引揚・残留・定着の実態を東アジアの歴史の文脈に位置づけている。この著では,戦前期から冷戦期を経てグローバル化が進む現在までを通して考察が成されている。また,関西学院大学先端社会研究所では,戦争が生み出す社会を共同研究テーマとし,戦争という出来事と社会変動の関連性を分析する概念として,「空間」「移動」「他者」という3つの概念を提示している（荻野昌弘編『戦後社会の変動と記憶』）。

　本稿の筆者は,久しく自分史活動とそこから生み出される自分史の内容について関心があり,色々閲覧した自分史をどのように料理しようかと思案した時期がある。そして,辿り着いた1つの結論は,「人の移動」という視点であった。

　本講では,日本近代における人の移動を取り扱いたい。そして,そのことは,上に紹介した研究者の問題意識と通じるものがあるという点で現代的課題だと思う。

第2節　ドキュメントとしての自分史の特性

　日本の社会学界において，1980年代以降，ライフヒストリー研究が本格化し，それは，ライフストーリー研究の生成にまで進展した。ここでは，そのような思潮のなかで自分史をライフヒストリー・ドキュメントとして取り扱う際の留意点を次の6点にまとめておきたい。
①自分史執筆の動機：〈ふりかえる〉〈残す〉〈伝える〉（小林多寿子，1997）。小林多寿子は，自分史を書く人の動機は，自らの人生，家族の経歴などを振り返り，それを記録として残し，孫などの身近な人あるいは不特定の他者に伝えておきたいという動機があるとしている。ただ，この動機につけ加えるべきは，自分史執筆の契機，きっかけの体験である。後述の例で分かるように，自分史執筆の契機は，病気により人生観の転機を迎えたり，シベリア体験時に記録をつけると決意したり，他者からの勧めにより自らの自分史執筆の意義を見出したり，と色々である。そのことが自分史の内容を規定することがある。
②自分史執筆における主我と客我：主我―執筆している現在の私／客我―自分史のなかの過去の私。本稿では，自分史を自我論という見地から真正面に取り組んではいないが，自分史を自我論という観点で取り上げるとするならば，自分史執筆作業とは，その人にとって，G. H. ミードの主我（I）と客我（me）の絶えざる相互行為である，とみることが重要である。このことは，多分，E. H. エリクソンの自我の統合作用と関係している。
③記憶は，いかに想起，構成されるか：個人的記憶と集合的記憶（アルバッ

クス，1950）。過去を振り返り，それを文章に表す際に，そこに取り上げる出来事，そして文章の構成には，その人の個人的思い出とそれが展開される社会的背景が織り混ぜられる。そのとき当該社会に共有される集合的記憶が自己の記憶とされることがある。また，自分史執筆に際しては，読者としての他者を想定している。その点からも自分史に集合的記憶が盛り込まれる可能性は高い。

④自分史と他者：自分史のなかでかかわる他者／自分史を読んでくれる他者。上記したように自分史を執筆するということは，他者を想定することである。そして，他者をどのように想定するかによっても自分史のスタンス，内容も違ってくる。また，自分史のなかで登場する他者をどのように記述するかということにもその執筆者の自我のあり方が現れる。

⑤「語られる私」と「語られない私」：自分史で語られるものごととそこに登場する，自分がその人の人生，自我の総体でないことは明白である。語られないものごと，語られない自分がある。そのことを認めたうえで，なお，自分史をライフヒストリー・ドキュメントとして扱う意義を認めたい。たとえば，何か特定の事象の社会的現実，歴史的現実を社会史と個人史の交差として理解する際に有意義な資料となる。

⑥マイノリティーの自分史とマジョリティーの自分史：ライフヒストリー研究，とりわけ，オーラルヒストリー研究は，社会の少数者，弱者・劣位の立場に置かれた者の事例研究が多い。それは，多数者の社会的存在，社会的価値の陰に隠れて目にみえない社会的現実に光を当てるという学的営為として意義がある。しかし，そのことが社会の多数者，社会的価値において優位の立場にある人たちのライフヒストリーを研究することがそのような立場にあ

る人たちの優位な立場とイデオロギーを肯定することになってしまう，ということで研究対象から除外してしまうとすれば，それは，一面的であり，偏頗である。研究者の思想，イデオロギーがどのようなものであるかは別として，今ある社会的現実を記述，把握しようとするならば，当然，社会の多数者，社会的価値において優位の立場にある人たちのライフヒストリー研究も重要な意義をもつ。

そこで，本講では，「国民国家の円心に向かう人の移動」と「国民国家の周縁における人の移動」の双方を取り上げる。

第3節　境界線としての国民国家と人の移動の歴史と記憶

1．国民国家の円心に向かう人の移動

　社会的価値という観点からみて，国民国家の中心点へのベクトルに大きく関与した3人の男性，そして，そのようなエネルギーに包摂されて生きた同年代の女性1人の自分史を取り上げる。

　この4人は，津田真徴（1982）の世代区分によれば，2人の男性が〔戦中世代1916（大正5）年〜1930（昭和5）年出生〕，1人の男性と1人の女性が〔戦後世代1931（昭和6）年〜1945（昭和20）年出生〕に属する。また，この4人は，戦後世代の2人は，愛知県春日井市に終の棲家を得たという点で共通している。そして，戦中世代の1人の男性と戦後世代の1人の女性は，九州にあった貝島炭礦という炭鉱からの離職者という点で共通点がある。

　間宏（1996）は，高度経済成長期の労働エートスを体現している人間類型を戦争体験，敗戦体験を基軸に設定し，津田真徴（1982）の世代区分を参考にして，次のようにいっている。「高度成長期とは，世代的に，戦前派，戦中派，戦後派という敗戦体験を共有する人びと，つまり企業戦士が，人的基盤を構成していた時代であった」（『経済大国を作り上げた思想——高度経済成長期の労働エートス』20頁）。ここで取り上げる4人の自分史は，企業戦士3人と企業戦士を支えた妻1人のものである。

(1) 第2次国民国家形成時の移動：エネルギー政策転換期の人の移動

　日本という国民国家の形成を明治維新以降の第1次国民国家形成時と第2次世界大戦後の第2次国民国家形成時に大きく分けると，後者には，高度経済成長期における「民族大移動」と称された大量の国民国家内の人の移動があった。「石炭から石油へ」というエネルギー政策転換にかかわる人の移動もその1つの形態といえる。

　「石炭から石油へ」というマクロレベルのエネルギー政策転換期は，石炭の産炭地域の地域生活というメゾレベルにおいても，またそこに住まっていた人びとの人生というミクロレベルにおいても，大きなターニングポイントであった。そのことを九州の同一炭鉱の炭鉱離職者の自分史からみておこう。

①戦中世代，高川正通の事例

　高川正通「自分史断片――元炭鉱社員の生活史」(高橋伸一（編）　移動社会と生活ネットワーク）は，仏教大学グループの旧貝島炭礦離職者の生活聞き取り調査に協力する過程で研究責任者の依頼により生まれたものである。

　著者，高川正通氏の外面経歴を地理的移動でみると，次のようになる。

大正12（1923）年　山口県下関市関後地村で生まれる。同年，父正道が著者が満1歳になる前に38歳で病没。父の没後，残された母子3人（母と2歳年上の姉と著者）は，父の本籍地である福岡県福岡市（現在，博多区）へ引き揚げる。6歳のとき，母も亡くなり1歳上の姉と2人きりとなる。親族間で後見人問題が生じ，最終的には，福岡市内の母方の伯父が後見人となり，その伯父宅に引き取られる。小学校，旧制中学校，そして，福岡高等学校文科乙類を卒業するまで伯父宅に住む。

昭和17（1942）年4月　東京帝国大学法学部法律学科入学，上京する。

昭和18年（1943）年12月1日　学徒出陣で，福岡県久留米の西部第54部隊に入営。

昭和19（1944）年6月ごろ　北京陸軍経理学校入校。同年11月卒業。12月下関要塞重砲兵聯隊の隊付主計に任命される。

昭和20（1945）年4月　長崎県，五島列島福江島に新設された独立混成第百七旅団通信隊《堡第1709部隊》の隊付主計に転属。旅団司令部付主計兼務。

昭和20（1945）年11月末ごろ復員。福岡の伯父宅に奇寓。

貝島炭礦時代

昭和21（1946）年2月　貝島炭礦（株）佐賀県岩屋炭礦に，鉱員として就職。職名，「坑外雑役夫」（昭和21年2月〜昭和22年9月の約1年半）

昭和22（1947）年10月　職員に登用され，貝島炭礦（株）の福岡県鞍手郡宮田町大之浦本社に転勤。

昭和24（1949）年11月1日　鳥越道子と結婚。新郎26歳，新婦23歳。大之浦本社の社宅に空きがなかったので，妻の実家《福岡県飯塚市》に，新居を構えた。大之浦へ「土帰月来」単身赴任。

昭和25（1950）年5月　九州石炭鉱業聯盟《福岡市大名町》に出向。

昭和28（1953）年5月　貝島炭礦大之浦本社に復職。勤労部勤労第二課第三係に配属。

石炭から鉄へ（再就職・移住：製鐵運輸時代，房総半島に住みつく）

昭和43（1968）年2月　千葉県君津市の「製鐵運輸」に再就職。単身赴任。

　　　　　　　　　3月下旬　一家で千葉県木更津市に移住。

　　　　　　　　　8月　木更津市東部にある清見台借上社宅に転居。

昭和51（1976）年8月　マイホーム建設着工。同年10月，竣工。「清見台の借上社宅から，桜町の新居に転宅した。かくして，長年続けてきた社宅生活に別れを告げ，齢53歳にして，マイホームを持つことができた」。
平成3（1991）年10月　長男夫婦が，隣にマイホームを新築。翌，4年3月に竣工し，清見台社宅から，転居入居。「かくして，老夫婦と長男一家（略）と，スープの冷めない距離に住むことになった」。

　高川氏の自分史をライフヒストリーあるいはライフコースという観点から，とりわけ地理的移動に注目してその特徴の一部を摘記しておく。
・両親を亡くし，後見人が誰になるかに際しての親族間の争いが原風景としてある。
・このことで，自分の職業として法曹関係に進みたい（民事を扱う裁判官か弁護士，特に親族・相続関係の問題に取り組みたい）という願望が生まれる。
・氏の自分史は，「石炭から鉄へ」という章を設けてあるように，昭和43（1968）年2月の地理的，社会的移動がターニングポイントではあるが，同時に，第2次大戦敗戦時のことが氏のライフコースに大きく関わっている。それは，2点ある。1つは，昭和20（1945）年8月9日，長崎原爆投下時，軍務服役中に荷物を肩に担いでいたか否かが被曝するか否かの生死の境目であったという経験をしたこと。もう1つは，戦後の混乱のなか，法曹界へ進みたいという願いが打ち砕かれている点である。
・法制関係業務と離職者対策当事者としての責務
　氏は，貝島炭礦（株）で，労務関係，合理化案等で法制的業務に携わり，また，離職者対策がエネルギー革命・産業構造の変革に伴う産業間地域間の

労働力の移動の問題として対処すべき時期の広域職業紹介（他府県への移住・転職を中核とする紹介方式）に携わった。そして，氏は，氏自身の退職直前のことを次のように記している。

「（第6次合理化時，昭和41年の）福岡県以外に集団移住した第一陣は，神奈川県の日産自動車追浜工場に採用が決まったグループであった。

12月23日と25日の2回に分けて，直方駅から急行列車『不知火号』に乗り，赴任先の横須賀へと出発した。赴任者数は44名，移住した世帯数は43世帯，移住総人員数は本人家族含めて170名（内訳：大人101名・小人69名）であった」

昭和42年（1967）4月，就職斡旋課はその所期の目的を達成したものとして，解散閉鎖されることになった。

「私自身としては，も少し貝島会社の最後を見届けたい気持ちが無いでもなかったが，この際は（就職斡旋課解散後），私一人だけが残るということでなく，課員一同一蓮托生で，辞めることにした。（略）昭和21年2月，貝島炭礦（株）に奉職して以来，20年6ヶ月の炭鉱生活であり，この時，当年44歳であった」

・氏の自分史に一貫していることの1つは，貝島炭礦（株）への報恩の意識である。

著者は，福岡高等学校へ入学し，自力で学資を調達する手立てとして奨学金を受けようとする。そして，貝島育英会の給費学生に願書を出したのである。昭和14（1939）年4月，福岡高等学校文科乙類に入学した後，昭和15年1学期より，貝島育英会給費学生として，毎月20円の奨学金を支給され，その後，昭和17（1942）年4月　東京帝国大学法学部法律学科入学後，40

円の奨学金をもらい生計を立てた。

　このことが著者のライフヒストリーに大きな内的，外的モメントとなっている。彼は，事あるごとに，貝島育英会の理事である貝島義之氏に将来のことを相談しているし，貝島炭礦閉山の見届け人として自分を位置づけることで恩に報いようとしている。そして，後年，「端的に言えば，貝島炭礦に関係した事柄について，その歴史なり関係資料なりを整理し，語り伝えるようなことをして見たいと思っていた。それは，石炭のおかげで志望の大学にも進み，石炭のおかげで生活の基盤を与えて頂いた私の，石炭に対する一途の思い入れであり，かつ，ささやかな願いでもあった」と述べている。
・もう1つ，一貫しているのは，高川家という家系存続の願いである。
　姉が他家に嫁ぎ，親戚中で高川姓を名乗るのが著者1人になった時期があり，恩人の貝島義之氏から婿養子の勧めが再度にわたってあったが，「高川の姓を捨てるにも忍びなかった」ため断ったと記している。
・そして，氏と氏の家族のライフコースを「住まい」という観点から見ると貝島炭礦での「社宅」（結婚後，15年間に，転宅5回）→千葉県君津市の製鐵運輸での社宅→マイホーム建設と移動している。
　氏は，自分史を高川家を名乗るものが3世帯，総勢10名となったことの「幸せ」と記して稿を閉じている。
②戦後世代，山下勝子の事例
　次に紹介する自分史，『私は負けない──ちちんぷいぷい』の著者，山下勝子も旧貝島炭礦の離職者である。
　著者の地理的移動：昭和12（1937）年　広島県尾道市吉和で誕生。→火事で家を失い，福山から奥に入った芦品郡府中町（現府中市）目崎→昭和

17（1942）年3月　福岡県鞍手郡宮田町に一家移住（父母，姉，本人）。通称貝島大之浦炭鉱二坑に父就職。→昭和31（1956）年　父再婚。他家に預けられる。高校卒業。秋から姉の勤務先である百貨店に勤務。→昭和32（1957）年4月　父の伝手で，「半ば強制的」に貝島炭礦に就職。→昭和34（1959）年2月　結婚。夫，昭和一桁生まれ。→昭和38（1963）年　娘は3歳。当時，貝島病院の事務員として勤務。→昭和38（1963）年12月26日　愛知県春日井市へ移住（住居は，小牧市にある「雇用促進事業団の宿舎」）。→昭和39（1964）年末〜40（1965）年ころ　春日井市に住居を移した。→昭和40（1965）年9月29日　長男，哲司誕生（当時，夫の勤める会社の春日井市にある社宅に住んでいた）。→後，春日井市にマイホーム確保→平成3（1991）〜4（1992）年から，長男夫婦と2世帯住居で住まう。

　山下勝子の自分史の特徴を理解するには，氏の自分史執筆のきっかけとなったエピソードを避けて通れない。氏の執筆動機は，小林多寿子（1997）の〈ふりかえる〉〈残す〉〈伝える〉，正にそのようなものであり，そのきっかけとなった心情はそれ以上の体験であったといえる。

　平成10（1998）年12月（61歳），著者は，心臓の僧帽弁狭窄による人工弁置換手術を受ける。

　「突然，天井の隅に鬼の顔が現れた。とっさに私は，地獄からお迎えが来たと思ったが，今の苦しみから逃れたい一心でじっと鬼の顔を見つめていた」「俺は閻魔大王だ。おまえを苦しめている者から救いにやって来たのだ」。その夜が峠であったようで，著者はこの不思議な体験で，「私の命は私個人のものではなく，何か得体の知れぬものによって生かされていることを悟った」。そして，今まで生きてきた60年を振り返ってみると，「いかに周囲の

人々の世話を受けてきたのか計り知れない。一人で生きてきたという思い上がりを恥じた」。この体験で,「うまれかわる」ことができ,飾らず,正直に自分史を書きつづる心境となる。

　ところが,著者は,春日井市の自分史活動に参加し,自分史講座の平岡俊佑の指導を受けながら,壁に突き当たる。それは,氏の第二の故郷,実質的故郷である筑豊の炭田での生活を回想,記述することが避けて通れない点であった。多くの炭鉱離職者は,炭鉱離職者への哀れみ,偏見のまなざしを嫌い,自分の出自を隠すようになっていた。テレビ番組,雑誌などマスメディア報道の内容があまりにも暗かったからである。氏は,この苦悩を乗り越えて,自分史に自分の故郷での生活を記す決意をする。「筑豊は私が多感な少女時代を過ごした愛着の深い土地である。今,やっと臆することなく筑豊を謡い上げたい。これが,この自分史に取り組んだ私の偽らざる気持ちである」。

　以下,山下氏の自分史をライフヒストリーあるいはライフコースという観点から,とりわけ地理的移動に注目してその特徴の一端を記しておく。
・この自分史の最大の特徴は,自分の故郷,筑豊讃歌であり,過去を回顧することで現在の生活を幸福なものと肯定する姿勢である。

　著者は,広島県尾道市で生まれた。自分の生地,尾道は,自己のアイデンティティを自省する1つの重要な地となっている。しかし,著者にとって,実質的な故郷は,筑豊である。「四歳で移住して以来,筑豊の地は私の第二の,いや,もっと思い出深い実質の故郷になった」。

　氏の故郷,筑豊の炭住は,濃密な「炭住コミュニティ」を形成していたが,同時に,そこは,江戸時代から漂泊者の流れつく場所でもあった。第2次大

戦中，そして，戦後復興期を貝島炭礦で幼少期，思春期，青春期を過ごした著者山下勝子も，多くの漂泊者を貝島炭礦で眼にしている。自分史では，炭住コミュニティで，朝鮮人のつくるキムチのこと，終戦時に朝鮮人居住地に「マンセー」という叫び声が聞こえたこと等がさりげなく語られ，また，著者の父が，捕虜として炭鉱で働いているオランダ人，イギリス人，アメリカ人たちを人道的に扱い，食糧等の援助をした。そのため，戦争が終わった後，たくさんの援助物資が著者の住む家に届けられたというエピソードを紹介している。

「（第2次大戦終結後，）帰国していった朝鮮人と入れ替わるように，この炭鉱には引き揚げ家族が全国から転入してきた。職も家もなくし，私たちが昭和十六年に火災で焼け出され，尾道から来たように，引き揚げ家族も生きてゆくために，この炭鉱に漂着したのである。引き揚げ家族ばかりでなく，戦災で家を無くした人々も各地から辿り着いた。境遇の違う知識階級の人も，戦前の職歴をなくし，力仕事に無縁な人々が坑内労働に従事していくのである。

炭鉱の景気が良かったのはこの頃が頂点であったのではあるまいか」

戦後もまた，炭鉱は，歴史に翻弄された漂泊者の地という側面があった。

・著者のライフコースにおける転換点は，筑豊から春日井市への移住である。春日井市に移住し，夫の新しい会社の「社宅」で，子どもとともに夫の帰宅を待つ生活，そして，休日にはマイホームパパになった夫との家庭生活が最も楽しい時期であった。

・しかし，5年もすると，夫は，会社中心の生活となり，（日本が好景気に沸いていた，昭和50年ごろ）会社の取引先の旅行案内まで妻に頼むように

なる。

　ここで，著者が，夫をどのような人物としてみてきたかをまとめておこう。著者の夫評価は，3ステージで構成されている。第1ステージは，筑豊の貝島炭礦時代（自己の向上心を組合活動に投入し，男尊女卑の観念に縛られ家庭を顧みない夫），第2ステージは，愛知県春日市T電機製作所で自己の向上心を昇進という形で実現した時代。同時に，この時期は，父親として家庭に目を向けた期間は5年ほどで，後は，企業戦士，あるいは，会社人間として類型化され，家庭は二の次の時期でもある。そして，第3ステージは，退職後の家事にかかわる夫である。

・彼女を支えたのは，2人の子どもを育てることと学校給食員としての職業アイデンティティである。

・夫が，退職し，家庭に目を向けるようになり，孫の顔を見るのを楽しみにする世代交代を成し，夫婦二人三脚の人生と現在の自己を肯定している。

　最後に，山下勝子の自分史からミクロレベルのアイデンティティとメゾレベルでの筑豊産炭地域への思い入れ，筑豊讃歌の意義をまとめとして記しておく。

　A．アイデンティティ：「渡り鳥」から「留鳥」へ。

　山下勝子は，自分の半生を振り返って，自らを「渡り鳥」に喩え，春日井に居を構えることで「留鳥」になったのだと記している。
「渡り鳥といえば，つい最近まで，私自身が渡り鳥のように感じていた。

　尾道で生家が焼けて九州に渡り，筑豊で暮らして，多感な少女時代から結婚，新婚生活を過ごして長女をさずかったのも筑豊時代だったから，私の故郷は筑豊といっていいだろう。

母が病没し，父の再婚，若かった私は周囲に妥協するのも不器用で，心の整理もつかず，鬱状態であったのか，自殺未遂まで引き起こすことになったが，やがて知り合った優しそうな人と，家から逃れるようにして新しい家庭を持った。昭和三十四年二月，夫二十六歳，私が二十一歳の時のことだ。夫も貝島炭鉱で電気工事士として働いていた。

　だが，そのころから日本はエネルギー構造の変革が急ピッチで進み，石油時代を迎えるとともに，石炭産業は衰退の一途をたどることになる。

　名高い三井三池炭鉱の合理化反対運動は，全炭労を挙げての一大争議となったが，その甲斐もなく中労委の斡旋で合理化へと一気に進んだ。貝島炭鉱も時流には逆らえず人員整理がはじまり，夫も離職者となった。

　愛知県に新しい就職先が決まり，暮も押し詰まった三十八年十二月二十五日，私たち夫婦と長女は筑前宮田駅から筑豊を後にした。（略）

　あれから早いもので，愛知での暮らしも四十年。（略）

　生活の基盤はこの地である。働きながら建てたささやかなマイホームも，建て替えて三階建ての二世代住宅にした。息子や孫と過ごし日々に恵まれているが，考えてみると，九州で過ごした年月の二倍近くをこの地で送っている。ここが，私たち夫婦の終（つい）の住処（すみか）となってしまった。

　（昨年，筑豊での中学の同窓会で）帰宅すると，夫は言葉少なだが穏やかな顔で迎えてくれた。やはり私の帰るところはここだったと，ホッとした。

　あの世とやらへ行っても，お盆が来れば迷うことなく春日井のこの地に戻るだろう。もう私は「渡り鳥」ではなく，「留鳥」となっていたのだ」

　B．炭住コミュニティ，筑豊讃歌

　エネルギー転換期における炭住コミュニティというメゾレベルでの記憶の

在り方を桜井厚の言う「マスターナラティブ」「モデルストーリー」を援用して山下勝子の記憶のあり方を1つの社会的現実としてまとめておきたい。

エネルギー転換期における炭住コミュニティをマクロ次元の転換期という観点からメゾレベルを捉えるマスターナラティブ（「暗い炭鉱」）という視線と，そこに住んでいた人の生活（ミクロレベル）から記憶されているメゾレベルの炭住コミュニティにはかなりの隔たりがある。山下勝子は，土門拳の写真集『筑豊のこどもたち』，五木寛之『青春の門』，そしてNHKのドキュメンタリー番組が全体社会における炭鉱のイメージ，マスターナラティブを形成したとみている。この点については，北海道炭礦汽船幌内炭鉱の職員の息子であった，吉岡宏高の『明るい炭鉱』（創元社，2012）においても同様の見方をしている。そして，吉岡は，筑豊では，「炭鉱＝暗い」を政府資金を引き出す格好の材料として利用してきたと見，他方，北海道では「暗い」を頑なに打ち消そうとして，夕張市のように，ハリボテのような施設を建設し財政破たんした，とみている。

山下勝子の自分史執筆の決意，吉岡宏高の「明るい炭鉱」宣言を，炭鉱関係者のミクロ次元から見たメゾ次元の「モデルストーリー」形成とみるのは我田引水に過ぎようが，その背後に無言の声が潜んでいると推測することは間違いではなかろう。

(2) 第2次国民国家形成時の移動：企業戦士，「出張」「転勤族」という人の移動
①戦中世代，長谷弥三男の事例：「出張，出張の日々」
　長谷弥三男（1924年生）は，石川県有数の企業T社に36年間（昭和23

年～昭和59年）勤務し，第2の職場を経て，古希（70歳）を機に，『自分史――いつまでも咲き続ける花はない』を出版した。自分史は，幼少のころの思い出に始まり，氏の成長段階に沿って記述されている。尋常小学校卒業後，郷土の実業家安宅弥吉の興した安宅産業（大阪）で3年間の丁稚奉公を終え，その後安宅弥吉から給付された学資金で5年間の修学時代を過ごす。次に，戦争。満州に渡り，ついにはソ連抑留となる体験が綴られている。自分史の冒頭，「はじめに」の文章は「ロシヤに抑留されたままの我々関東軍の部隊は」と始まる。帰国後，昭和23（1948）年にT社へ入社する。自分史では，氏の「日記」をもとにサラリーマン生活の日々が年ごとにまとめられている。昭和30（1955）年～昭和34（1959）年を記述した章が「出張から出張の日々」となっているのが印象深い。自分史の冒頭の「ご挨拶」の次に主なる出張先「山梨地区略図」「丹後地区略図」「新潟地区略図」「関東地区（両毛地区）略図」が掲載されている。そして，自分史では，「年間出張日数」「年収」「対前年増額分」が10年毎に表化されている。そこには，昭和30（1955）年代，年間150日以上の出張日数が記されている。氏は，紛れもない「企業戦士」であった。そして，その家庭を守ったのは専業主婦の妻である。氏は，妻への感謝を50歳を過ぎてからの家族旅行で表している。また，優秀な2人の子息の成長，独立をさりげなく書き込み，2人の子どものための土地購入までなしている。

　氏の自分史から「右肩上がり」の戦後の日本経済，T社が繊維機械メーカー故にこうむる好・不況の波，そして，「右肩上がり」の家族生活をうかがい知る事ができる。

　長谷氏の大恩人（長谷氏の人柄を知るためのキーパーソン）は，5年間の

修学時代を可能としてくれた郷土の実業家，安宅弥吉である。安宅弥吉は，丁稚奉公を終え進学する長谷少年に「禅をくめ，禅をくまねば人間大成せぬぞ」と言って送り出す（この安宅弥吉が，禅の思想家，鈴木大拙と親交のあったことは有名なことである）。長谷氏と安宅弥吉との出会いは，氏の後年の人生に2つの意味をもたらす。1つは，50歳を過ぎて禅への関心を深め鈴木大拙の著書，そして，道元『正法眼蔵』と読みすすんだということ（このことは，氏の人生観に影響を及ぼしている。自分史タイトル，「いつまでも咲き続ける花はない」は，これらの読書に影響されたと記している）。もう1つは，低開発国の貧しい子どもらへの学資援助である。氏は，タイ，インドネシア，カンボジアなどの子らの「里親」となり，2005年には，ネパールに小学校を建設した。長谷氏の人生にとってもう1つ忘れてはならない「出来事」がある。それは，「戦争」体験である。先にも触れたように，氏の自分史の「はじめに」は，ソ連抑留への言及であり，22, 3歳の若者であった著者が当時，何を思ったかの回想である。「自分の意思でもないのに，眼に見えない何かの力で，われわれは，ここソ連にいる。どうしてだろうか」「このままでは，どうしても，ここで死ぬわけにはいかない。自分がこの世に生きていたという，何かを残して死にたいものだ」。その時，氏は，日本に帰れたら日記を書くことを決意する。氏は，なぜ，あの戦争は起こったのか，なぜわれわれは抑留させられたのかという思いを戦後ずっともち続ける。そして，平成10（1998）年，74歳のとき，『戦争の真実』という渾身の一作を公刊している。それは，自らの体験と各種資料に裏づけられた太平洋戦争に関する著である。

　長谷弥三男の自分史の特徴を4点記しておく。

・自分史執筆の遠因，きっかけがソ連抑留体験とその際の日記を書く決意にある。
・恩人への感謝とその影響で人生観も育まれている。
・サラリーマン生活を「出張」というキーワードで振り返っている。
・日記を資料とし，その多くがそのまま引用されているので，自分とは相容れない派閥とも言える経営陣の判断に対して「──どうかと思う」という批判的コメントが随所に出てくる。

②戦後世代，中崎光男の事例：「転勤族」

　中崎光男氏は，昭和10年生まれの戦後世代である。横浜に生まれ，大学卒業後，大阪に本社のある某大企業社員となり，大阪で研修を受け，その後北海道各地（札幌，北見，室蘭，旭川）を勤務地とする。その後，四国地方（高松，徳島），そして，北陸地方（富山，金沢）に転勤し，最後は，岐阜県を経て名古屋勤務となり，終の棲家を春日井市の高蔵寺ニュータウンに求めた（電話での聞き取り 2014/1/23）。氏は，いわば，典型的な「転勤族」といえる。そして，氏の終の棲家となった高蔵寺ニュータウンは，千里ニュータウン，多摩ニュータウンとともに三大ニュータウンとよばれたこともあり，高度経済成長期とそれ以降の日本社会を映し出しているともいえる。

　中崎氏は，62歳でサラリーマン人生を終えた翌年，平成10（1998）年に春日井市にある日本自分史センターの自分史講座を受講し，その後当地にある自分史友の会2つに所属し，その同人誌『わだち』『まいしゃ』に投稿を続けている。

　平成12（2000）年9月に両誌に発表した掌編自分史は，どちらもサラリーマン人生に深くかかわる北海道を舞台にしたものであった。しかし，3カ月

後に『わだち』に発表したものは，題材を幼少，少年期を過ごした横浜の思い出となり，他方，『まいしゃ』には，翌々年からの北海道のサラリーマン生活でのエピソードを作品化し，平成12（2002）年6月以降，「鮭帰る川（1）～（5）私の北海道風土記」，平成16（2004）年12月からは「大地の呼ぶ声（1）～（19）私の北海道風土記」と北海道シリーズで統一されている。また，『わだち』の方は，平成13（2001）年12月から平成16（2004）年12月まで「疎開（1）～（14）」，そして，平成17（2005）年3月から平成22（2010）年3月まで「六年三組　高根級」という小学校恩師との思い出をシリーズ化している。

　中崎氏の自分史執筆を時間軸でまとめると，65歳以降の現在，終の棲家となった春日井市，高蔵寺ニュータウンでの平穏な日々，平成の時代における現在から2つの過去を同時に遡っている。まず，自分史に記そうとした過去は，転勤の多かったサラリーマン時代，そのなかでも結婚の相手も見つけた北海道時代が想起され，それが後で『まいしゃ』でシリーズ化される。他方，『わだち』においては，幼少の頃の横浜の幸せな風景が想起され，その後，広島市太田川上流にある集落での「疎開」体験と戦後の横浜での小学校時代のある教師と生徒の交流，「民主主義教育」体験をシリーズ化している。

　ここで，「疎開」シリーズの記述の特徴をまとめておくと，氏の個人的記憶が社会的出来事としての集合的記憶によって構成，脚色，記述されていることである。

　個人的記憶は，「おにぎり」によって象徴される。この自分史のストーリー展開は，おにぎりに始まり，おにぎりによって終わる様相がある。この自分史のシリーズは，母と姉と中崎少年が60個の「おにぎり」を背負って，

横浜の実家を旅立った思い出で始まり，疎開先で横浜が恋しくなり，1人で家出をし，広島の原爆投下跡を見，そして，1人で，国鉄列車に乗り，終戦の後，昭和20（1945）年8月19日，横浜の家に帰ることで，中崎少年の疎開体験は終わっている。横浜に帰る車中，同席した女性が少年に「おにぎり」をくれた。そのことを少年は，ずっと忘れないでいる。中崎氏の個人的記憶は，おにぎり―横浜―広島―疎開先によって整理され，同時にその個人的記憶は，疎開，広島の原爆投下という集合的記憶にかたどられている。そして，この個人的記憶と集合的記憶を結びつける象徴は，疎開先の集落を流れる「太田川」である。広島原爆の象徴ともいえる太田川，その上流に中崎少年は，疎開し，そこから広島原爆で燃え盛る広島の災禍を見るのである。

　氏は，サラリーマン時代のことについては，「北海道風土記」というタイトルにしている。「仕事のことを書くのは差し障りがあって今は書けない」（電話での聞き取り 2004/10/24）とのことである。しかし，氏にとって，サラリーマン人生こそ氏のライフヒストリーにとってかけがえのない根幹であろうことは推測するにかたくない。

　以上で紹介してきた自分史4点の特徴をまとめると次のようになろう。
　戦中派男性2名の自分史には，「悔恨と報恩の意識」が表明されている。悔恨とは，戦争によって自らの人生展望が阻まれたという思い，あるいは，ソ連抑留というあり得ない事態に巻き込まれたという思いである。報恩の意識は，高川氏においては，炭鉱の記録，会社の記録を残すという自分史執筆時の現在に反映され，長谷氏においては，東南アジアの低開発国の子どもたちへの資金援助として具現化している。

戦後派，中崎氏の自分史の特徴は，「ノスタルジースタンスの表現法」といえる。このことは，氏が参加，所属した自分史講座，そして現在所属している自分史友の会の指導者が自分史は読者が読んで面白い，親しみのもてる表現法であった方が良いという自分史観をもっておられることの影響があるように思える。そして，中崎氏の現在は，春日井市の自分史活動（エッセー友の会にも所属）に積極的に参加し，さらには，自分史聴き書きの会メンバーとして，地域在住の老人の自分史作成を手伝うという風に多彩な地域ボランティア活動に彩られている。「ノスタルジースタンスの表現法」は，同じく，戦後派の山下氏の自分史においても同様に見られる特徴である。と同時に，山下氏の自分史の特徴は，「過去との和解，肯定，そして，現在の生活の満足，肯定」にある。

　現在の生活の満足，肯定は，4つの自分史に共通している特徴ともいえる。平成の時代の現在から昭和前期，昭和後期の人生を振り返り，記録として残し，現在の自分に納得している，といえよう。

2. 国民国家の周縁における人の移動

　ここでは，自分史ではないが研究者の聞き取り調査から2つのライフヒストリーを取り上げておく。1つは，鳥越皓之『琉球国の滅亡とハワイ移民』（吉川弘文館，2013）の中に紹介されている沖縄ハワイ移民一世の語りから。もう1つは，辻本昌弘『語り―移動の近代を生きる――あるアルゼンチン移民の肖像』（新曜社，2013）で紹介されているある男性の評伝（生活史）。彼は，第2次大戦前に沖縄に生まれ，本土で10代を過ごし，さらにアルゼンチンに渡った人物であり，1980年代には，東京，神奈川県の工場に出稼ぎ

に来ている。

　鳥越皓之『琉球国の滅亡とハワイ移民』では，著者鳥越が昭和54（1979）年から80年代に聞き取り調査したハワイ移民の内の数名の人のライフヒストリーの紹介がなされている。著者の問題意識，なぜ沖縄に移民が多いのかという問題への著者の答えは，その根本的な沖縄固有の理由が「琉球国の滅亡」にあるという視点である。明治時代の琉球処分と沖縄県の誕生は，沖縄が日本という国民国家の周縁におかれたことを意味する。そして，沖縄県人のハワイ移民が移民政策として打ち出されるのである。第2次世界大戦前，熊本県，山口県，広島県，和歌山県などで移民が多いのと共通の要因があるものの，併せて，沖縄県に独自の要因と問題点がある。それが，琉球国の滅亡と民族アイデンティティの問題である。ハワイ移民の1世，2世らには，第2次世界大戦前後において，アメリカ国民としてのアメリカへの忠誠と日本人としてのアイデンティティ，そして，沖縄人（うちなんちゅう）としてのアイデンティティが絡み合い，葛藤が生み出されるのである。

　もう1つの文献，辻本昌弘『語り―移動の近代を生きる――あるアルゼンチン移民の肖像』に登場する人物，崎原朝一（1934年生まれ）は，沖縄に約10年，そして，学童疎開で宮崎市近郊農家に行き（1944年，8月15，16日），その第2の故郷で約7年間暮らす。そして，昭和26（1951）年，朝一が17歳のとき，先に行っていた父親の呼び寄せで，アルゼンチンに渡る。アルゼンチンでは，洗濯屋を営んだ。昭和40（1965）年に，沖縄県在住の女性と結婚する。彼は，洗濯屋業に何か満たされないものが鬱積し，それを昇華させてくれたのが野球と俳句だった。昭和63（1988）年9月，神奈川県，東京（府中市）の工場に出稼ぎをする。そして，2年間日本に在住し，その

間，宮崎県，沖縄県の故郷にも出向く。平成2（1990）年，アルゼンチンへ帰国し，らぷらた報知新聞の記者となる。

　朝一は，俳句表現において，独自の境地を開き日本の俳界から注目される。彼が，本当に自分の境地を開いた俳句には，アイデンティティ問題が色濃く表れている。それは，日本，琉球，アルゼンチン3層のアイデンティティ問題であり，何処にも帰属し切れないアイデンティティ拡散状況を俳句の言葉において表出するものであった。

　辻本昌弘は，朝一のこの俳句の独自性を「変身」という項目タイトルで記述している。「朝一は，沖縄，本土，アルゼンチンの間には風土やリズムの違いがあると語る。（略）沖縄のリズム，本土のリズム，アルゼンチンのリズム，そのどれをもつくることができない。どのリズムにも没入していけない。しかし，三つをミックスしたものなら自分にもつくれるかもしれない。それしかできない。そんな思いがあった。自分は，宙ぶらりんであり，宙ぶらりんであることのプラス面とマイナス面を抱えている，朝一はそう語る」。

　崎原朝一のアイデンティティ拡散状況は，氏のライフヒストリーに現れる世代性と彼自身の独自性故に沖縄出身の他のアルゼンチン移民より一層複雑なものとなっている。「朝一は，沖縄出身者から『ヤマト・ウチナー』といわれたことがある。純粋なウチナーではない人間，ヤマトが混じってしまった人間ということである。沖縄出身の移民同士なら沖縄方言で会話するのが普通である」。しかし，「（第2次大戦前，戦中に）標準語励行の沖縄に育ち，本土で青年期を送った朝一」は，沖縄方言を聞きとり，理解することはできても，沖縄方言をみずから話すことはできない。そして，「朝一は沖縄出身者よりも本土出身者とのつきあいが深かった。そういうことがあって，沖縄

出身の移民たちから『ヤマト・ウチナー』と言われてしまう」。

　ここで紹介した海外移民のライフストーリーに共通するのは，民族アイデンティティの問題である。国民国家という観点からみたとき，個人の生活問題，人生の岐路に関わる問題として民族アイデンティティの問題が自覚されるのは，その境界線上にある人びとにおいて顕著といえるであろう。

第4節　人の移動の心象

　「出張」「転勤」「単身赴任」「出稼ぎ」「海外移民」、これらは、人の地理的移動の形態としては、違う現象であり、人がそこに込める意味も、一見まったく異質のようにみえる。しかし、何故、このような人の移動が発生するかの動因を探ってみると同根の要因がみられる。極めて簡単な事実、「生活の拠点とすべき場所」があるということである。海外移民においてもその志向性には、出稼ぎという意味合いが認められることがある。サラリーマンの単身赴任も農民の出稼ぎも挙家移動を成さない理由がある。そして、サラリーマンの転勤族は、自らのライフコースのステージに応じて、生活戦略として、家族での転勤、あるいは、単身赴任を選択しているのである。要するに、本来生活の拠点であるべき場所から一時的に移動しまたあるべき場所へ戻る、という移動。そして、異動、移動を繰り返しながら「終の棲家」を見つけ、定着する過程としての移動。この２つのパターンを見出せるのである。

　本講の冒頭で紹介した遊牧の民、移動そのものを生活とする民とはその心象が違うことをわれわれは知るのである。

引用・参考文献

- 伊豫谷登士翁（編）『移動から場所を問う』 有信堂．2007．
- 蘭信三（編）『帝国以後の人の移動――ポストコロニアリズムとグローバリズムの交錯点』 勉誠出版．2013．
- 荻野昌弘（編）『戦後社会の変動と記憶』 新曜社．2013．
- 小林多寿子 『物語られる「人生」』 学陽書房．1997．
- アルヴァックス,M. 小関藤一郎（訳）『集合的記憶』 行路社．1989．
- 間宏 『経済大国を作り上げた思想――高度経済成長期の労働エートス』 文眞堂．1996．
- 中西茂行 「自分史ブームの系譜――記録・自伝・文章作法」 池田勝徳（編）『社会学的アプローチ』 新泉社．2005．
- 中西茂行 「自分史に記された炭鉱生活・閉山と移住の生活史」 金沢学院大学紀要　文学・美術・社会学編．第11号　2013．
- 桜井厚 『ライフストーリー論』 弘文堂．2012．
- 吉岡宏高 『明るい炭鉱』 創元社．2012．
- 鳥越晧之 『琉球国の滅亡とハワイ移民』 吉川弘文館．2013．
- 辻本昌弘 『語り―移動の近代を生きる――あるアルゼンチン移民の肖像』 新曜社．2013．
- 高川正通 「自分史断片――元炭鉱社員の生活史」 高橋伸一（編）『移動社会と生活ネットワーク』 高菅出版．2002．
- 山下勝子 『私は負けない――ちちんぷいぷい』 知書之屋本舗．2004．
- 長谷弥三男 『自分史――いつまでも咲き続ける花はない』 長谷川出版．1993．
- 春日井市自分史友の会　同人誌　わだち　（各号の中崎光男自分史）
- 春日井市自分史サークルまいしゃの会　まいしゃ　（各号の中崎光男自分史）

索引

ア行

アイデンティティ　177, 186, 188
アイデンティティ拡散　187
アシスティブ・テクノロジー→AT機器
アベノミクス　24, 37
アメリカ合衆国憲法修正第1条　115, 119
アンデルセン, G.E.　41
家　22
家観念　19
家制度　22
医学　29
医師　138
医師不足　139
医師法　138, 146
移動研究　163
医療　28
医療法　143, 145
インターネット　79
インフォームドコンセント　147
インフラの整備　93
失われた10年　24
エージェンシー・スラック　147
エリクソン, E.H.　50, 71, 165
エンターテイメント小売協会　118
エンターテイメント・ソフト・レーティング委員会

カ行

114
オイルショック　23, 36
応召義務　138
王政復古　20
大塚晴郎　66

介護　28
介護支援機器→AT機器
介護保険制度　15
かかりつけ医　142
架空請求詐欺　82
核家族　25
家族主義的福祉レジーム　42
神奈川県青少年保護育成条例　112
カリフォルニア州議会第1179号法案　117
カルテ　146
看護師　139
供給　136
強力効果論　118, 123
倉橋重史　66
グランド・セフト・オート3　112
クリームスキミング　146
グリム童話　119, 122
グローバリゼーション　163
芸術社会学　49, 66, 67
ゲーミフィケーション　105
ゲームソフト　124
ゲーム脳　108

現実的存在　66
見読性　147
言論の自由　115, 119
ご隠居さん　39
後期高齢者　17
合計特殊出生率　18, 36, 38
構造改革特別区域法　145
構造的要素　69
高度経済成長　30
高度情報化社会　126
高齢化社会　16
高齢者　16
高齢者の増加　38
高齢比率　17
国民医療費　145
国民皆保険・皆年金　35, 145
国民国家　162, 168, 185
互恵的なボランティア制度　42
5大改革　23
子ども観　50
コミュニティ　32
コミュニティサイト　86
コロンバイン高校銃乱射事件　117
コンテンツアイコン　111
コンテンツ・ディスクリプター　115
コンビニ受診　142
コンピュータ・ウイルス　87

サ 行

在宅介護　33
財的資源　138
サイネット　79
三ちゃん農業　32
ジェネリック医薬品　145
資源　138
施設介護　33
質的変量　135
地主・小作制度　19
自分史　165
資本の原始的蓄積　20
社会化　50, 69, 71
社会参加意欲・貢献意欲　39
社会的産物　53, 67, 68
社会福祉　27
社会保障　27, 36
社会保障制度改革国民会議　149
社会民主主義的福祉国家　42
ジャネット・ウルフ　53, 66-68, 73
自由開業制　144
就業構造基本調査　142
自由主義的福祉国家　42
自由標榜制　144
住民基本台帳ネットワーク　79
守秘義務　138
需要　136
准看護師　139
奨学金制度　139
少産少死　29, 31
少子化　71
象徴天皇制　23
情報化　81

情報格差　92
情報資源　138
情報通信技術　152
情報の非対称性　147
女性の社会進出　30
人口減少社会　36
人口置換水準　18
新ゴールドプラン　37
真正性　146
人的資源　138
診療科偏在　139
診療録　146
スパイウェア　88
世界恐慌　22
世界保健機関　16
セカンドオピニオン　144
前期高齢者　17, 72
創造的活動　69
疎外　67

タ 行

第5の福祉レジーム　41, 43
脱商品化と階層化　42
地域医療　150
地域偏在　139
超高齢社会　15
出会い系サイト　84
データ　135
デジタルディバイド　92
テレカンファレンス　152
テレビゲーム　105, 124, 126
テレビゲーム悪影響論　105, 108, 126
テレラジオロジー　152
テンニース, F.　67, 71
問屋制家内工業　20
東京都青少年健全育成条例　106
ドクターショッピング　144
特定商取引　86
匿名性　81, 82, 85
都市化率　25
トフラー, A.　79
ドル・ショック　23

ナ 行

人間性の開花　41, 43, 57, 61, 73
人間の創造・造形・活動　67
人間の本質　69
貫伝松　66, 68
ネチケット　95
年金生活者　72
年金保険　35
農地解放　19, 23
ノーマライゼーション　41, 43

ハ 行

パーソンズ, T.　66
パターナリズム　147
バブル景気　24
バリアフリー　73
東日本大震災　137
ビデオゲーム　117, 119-122
人の移動　161, 168, 179, 185, 189
ヒポクラテス　29
ヒューマニズム　41, 43
ヒューマン・センタード・デザイン　40
病院　143

表現の自由　106, 113, 118, 122
費用対効果　42
福祉元年　36
福祉国家　28, 34
福祉ニーズ　33
福祉レジーム　16, 41
不足　135
物的資源　138
負の要因　39, 72
フリーアクセス　144
ブロードバンド　80, 94
文化　66
文化生産者　67
平均寿命　50, 71
ベネディクト, R.　20
変量　135
暴力ゲーム　121, 123, 124
暴力・残酷ゲーム　107
暴力的ゲームソフト　117
暴力的ビデオゲーム　117
暴力的表現　124
保健師助産師看護師法　141
保守主義的福祉国家　42
保存性　147

マ 行

マイノリティー　166
マジョリティー　166
マス・メディア　123
マルウェア　88
マルクス, K.　67
ミード, G. H.　165
無床診療所　143
メッセージ性　121, 122
メディア　123

ヤ 行

役割構造　32
山岸健　67
有意味的行為　70
有害図書類　112
有機的活動　68, 71, 73
有床診療所　143
ゆとり教育　90
ユニバーサルデザイン　73

ラ 行

ライフコース　175, 189
ライフサイクル　49, 50, 71, 72
ライフスタイル　49, 69, 71-73
ライフステージ　50
ライフスパン　50
ライフヒストリー　165, 171, 175
リースマン, D.　20

量的変量　135
隣保共助　22, 32
レーティング・アイコン　114
レーティング・システム　114
レーティング制度　110, 118
歴史的要素　68
ロナルド・メイス　73

ワ 行

ワクチンソフト　89

A－Z

AT機器　40, 41, 54, 61, 65, 72, 73
CERO　110
EMA　118
EMA判決　119, 121, 122, 124
ESRB　113
GTA3　112
ICT　79
OECD　90, 138
SNS　80, 148
Web2.0　80, 94
WHO　16

編著者紹介

編者

池田　勝徳　　　　　　　日本大学

執筆者（執筆順）

池田　勝徳（第1講）　　日本大学

池田　雅広（第2講）　　国士舘大学

中井　秀樹（第3講）　　大阪成蹊大学

千代原 亮一（第4講）　　大阪成蹊大学

周藤　俊治（第5講）　　奈良県立医科大学

中西　茂行（第6講）　　金沢学院大学

新時代の現代社会学6講

2014年5月10日　初版第1刷発行

編著者　　池田勝德
発行者　　石井昭男
発行所　　福村出版株式会社
〒113-0034　東京都文京区湯島2-14-11
電話 03-5812-9702　FAX 03-5812-9705
http://www.fukumura.co.jp
印　刷　　株式会社文化カラー印刷
製　本　　本間製本株式会社

©Katsunori Ikeda 2014
Printed in Japan
ISBN 978-4-571-41054-3 C3036
定価はカバーに表示してあります。
乱丁本・落丁本はお取り替えいたします。

福村出版◆好評図書

中道寿一・仲上健一 編著
サステイナブル社会の構築と政策情報学
● 環境情報の視点から
◎3,800円　ISBN978-4-571-41044-4　C3036

「持続可能な社会」を築く環境政策を東アジア視点から提示。地方自治体からの具体的な政策発信も詳説する。

小林真生 著
日本の地域社会における対外国人意識
● 北海道稚内市と富山県旧新湊市を事例として
◎5,600円　ISBN978-4-571-41045-1　C3036

地方小都市は外国人をどう受け入れるのか？住民の意識分析を通じて共生社会創生への道を提示する。

末本 誠 著
沖縄のシマ社会への社会教育的アプローチ
● 暮らしと学び空間のナラティヴ
◎5,000円　ISBN978-4-571-41052-9　C3037

沖縄の社会教育を、字公民館、字誌づくり、村踊り等から幅広くアプローチ。固有性からその普遍性をさぐる。

松田武雄 著
コミュニティ・ガバナンスと社会教育の再定義
● 社会教育福祉の可能性
◎4,500円　ISBN978-4-571-41053-6　C3037

国内外の豊富な事例から社会教育概念を実証的に再定義、社会教育再編下における社会教育の可能性を展望する。

福田友子 著
トランスナショナルなパキスタン人移民の社会的世界
● 移住労働者から移民企業家へ
◎4,800円　ISBN978-4-571-41046-8　C3036

「自営起業家」として中古自動車貿易業界に特異な位置を築くパキスタン移民を考究、新たな移民論を提起する。

櫻庭 総 著
ドイツにおける民衆扇動罪と過去の克服
● 人種差別表現及び「アウシュヴィッツの嘘」の刑事規制
◎5,000円　ISBN978-4-571-40029-2　C3036

ナチズムの復活阻止を目的とするドイツ刑法第130条を詳細に分析、その比較から日本の差別構造の本質を撃つ。

A. ウェーバー 著／中道寿一 監訳
A・ウェーバー「歴史よ、さらば」
● 戦後ドイツ再生と復興におけるヨーロッパ史観との訣別
◎4,800円　ISBN978-4-571-41051-2　C0036

ヨーロッパ特有の思想史の俯瞰と戦後ドイツへの国家再生の提言。反ナチスを貫き、大戦中に著した渾身の書。

◎価格は本体価格です。